WOLFGANG MACHT & KATRIN VIERTEL

WIR OHNE GRENZEN

NETZPILOTEN REPORT #01 —
SOCIAL MEDIA IN FIRMA UND FAMILIE

Link　　　Zitat　　　Tipp　　　Spaß　　　Frage　　　Trend

Inhalt

4 **WILLKOMMEN**

6 **MITTEILEN**
Warum wir trotz Smartphone in der Tasche nicht „always on" sein müssen

24 **LEBEN**
Warum Social Media Guidelines eine gute Sache sind

40 **ARBEITEN**
Wie wir langsam, aber sicher in die Cloud abheben

56 **LERNEN**
Wie wir alle lebenslang lernen werden

72 **TEILEN**
Wie wir Texte, Autos, Häuser und sogar die Arbeit teilen

88 **SPIELEN**
Warum es für jeden ein unwiderstehliches digitales Spiel gibt

106 **LOG OUT**
Autoren / Dank / Impressum / Bildnachweis

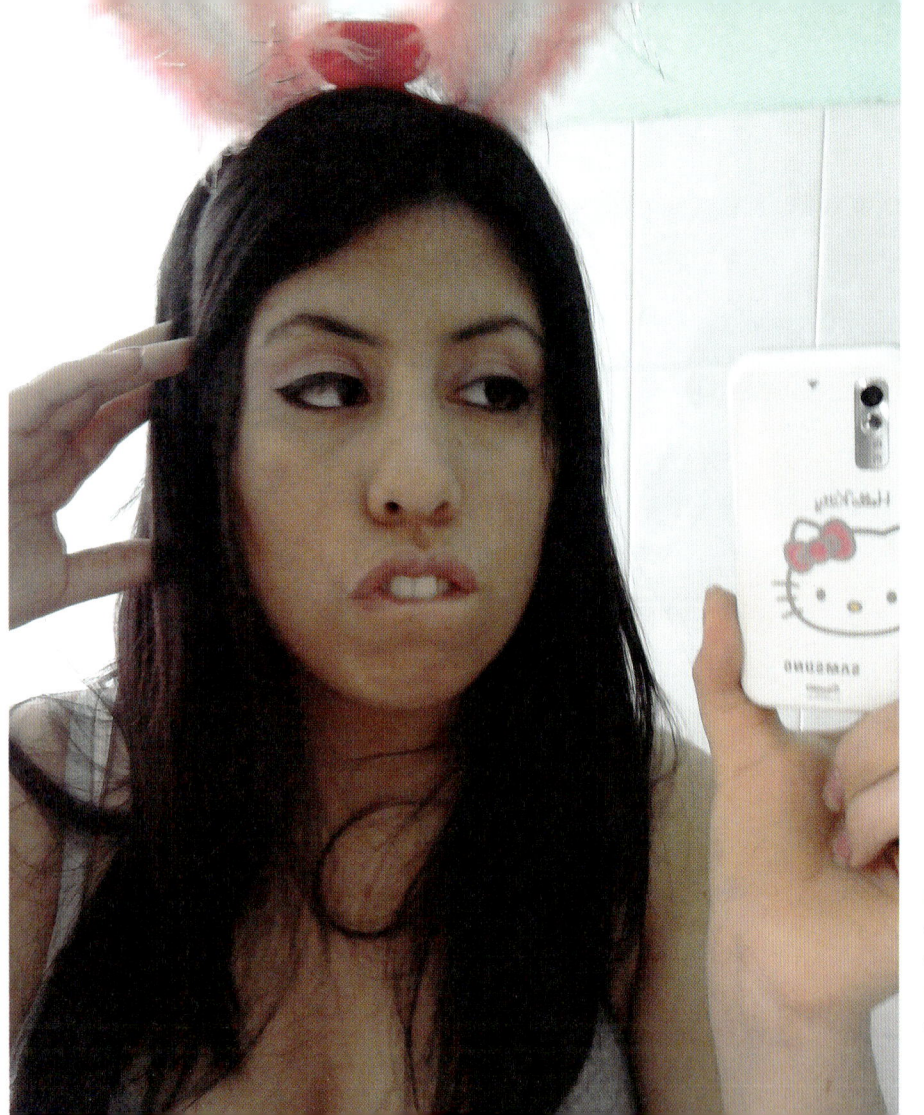

Willkommen im Wir-Netz!

Dieses Motiv und weitere Bilder in diesem Buch sind mit freundlicher Genehmigung dem Bildband „Social Network Photography" entnommen (vgl. S. 19).

Ohne uns geht gar nichts in den digitalen Welten. Wir alle sind in vielen Rollen, etwa als Angestellte, Selbständige, Eltern und Jugendliche gleichzeitig Nutzer und Macher der neuen sozialen Medien. Vor allem junge Leute nutzen selbstverständlich die Social Networks und genießen das „Wir ohne Grenzen" mit wenig Bedenken, aber viel Freude. Eltern stehen oft ratlos daneben. Ihnen ist das neue Thema privat oft fremd, aber am Arbeitsplatz bestimmt schon begegnet: Derzeit loten fast alle Unternehmen ihre Chancen aus, wie (und nicht mehr „ob") sie in den neuen Netzen beraten, managen und verkaufen können. Über den einzelnen Arbeitsplatz wird hingegen noch diskutiert: Wie viel Facebook-, Twitter- oder gar Computerspielkonsum ist sinnvoll? Wie viel tolerabel? Vielerorts reagieren Verantwortliche aus Verunsicherung mit Anwendungsverbot oder ziehen es vor, diese Fragen zu ignorieren und lassen die Mitarbeiter einfach machen.

So viel ist klar: Wir befinden uns in einer mitreißend kreativen Jugendphase der Social-Media-Bewegung. Deshalb ist jedes pauschale Verbot, das Kinder, Jugendliche oder Mitarbeiter von diesen neuen Welten auszuschließen versucht, töricht. Das heißt aber nicht, dass wir alle in dem Chaos mitschwimmen sollen. Wir brauchen Regeln, an die wir uns halten können. Ganz simpel können sie lauten: Respekt, Höflichkeit, Ehrlichkeit. Im Detail muss jede Gruppe und jede Familie sich ihre Social Media Guidelines selbst erstellen.

Die Netzpiloten sind seit 1996 mit verschiedenen Navigationshilfen im Netz aktiv. Für uns steht immer der Mensch im Mittelpunkt des Webs. Begeistert von der sich neu entwickelnden Persönlichkeit des Internets stellen wir hier zusammen mit der Sprach- und Kommunikationswissenschaftlerin Katrin Viertel von Medienlotse.com in sechs Kapiteln die fröhlich bevölkerte Welt des Wir-Netzes vor. Wir erklären, warum das Internet immer wohnlicher und komfortabler wird und bei welchen Anwendungen man unbedingt mitmachen oder sie wenigstens einmal kurz besucht haben sollte.

Wolfgang Macht

SOCIAL SHOPPING
SOCIAL BOOKMARKING
SOCIAL MEDIA PLUGINS
MOBILE
SOCIAL MEDIA DASHBOARD
SOCIAL GRAPH
TABLET PC
LOCATION BASED SERVICES
DIGITAL NATIVES
DIGITAL IMMIGRANTS
SAFER INTERNET
SOCIAL MEDIA NEWSROOM
SOCIAL MEDIA GUIDELINES
CYBERMOBBING
SOCIAL COMMERCE
WIDGETS
AUGMENTED REALITY
CIVIC MEDIA
CREATIVE COMMONS
BLOG
WIKIS
INFLUENCERS
APPS
MEDIENKOMPETENZ
KURATOR
REPUTATIONSMANAGEMENT
GAMIFICATION
CLOUD COMPUTING
MICROBLOGGING
CROWDSOURCING
FILESHARING
CROWDFUNDING
CROWD PUBLISHING
E-PARTICIPATION
SMARTPHONE
OPEN GRAPH
SOCIAL NETWORKS
SOCIAL MESSENGER
SOCIAL NEWS
INSTANT MESSAGING
E-LEARNING
WEB 2.0
CONSTANT CONNECTIVITY
DATENSCHUTZ
HACKING
E-DEMOCRACY
COLLABORATIVE LEARNING
E-PROFESSIONALS
DIGITALE STRATEGIE
COMMUNITY
COLLABORATIVE WORKING

> # 1
> # MITTEILEN
>
> Warum wir trotz Smartphone in der Tasche nicht „always on" sein müssen

Noch nie wurde so viel und so schnell kommuniziert wie heute. Auf Schritt und Tritt folgen uns die Ton-, Bild- und Textnachrichten. Insbesondere junge Leute genießen das neue Lebensgefühl, „always on" zu sein. Geschickt nutzen sie die neuen Instrumente, um sich mitzuteilen, auszutauschen und einen beträchtlichen Teil ihres Lebens zu organisieren. Längst genügen ihnen nicht mehr E-Mails oder SMS. Was zählt, ist Echtzeitkommunikation per Social Messenger. Überall dort, wo „always on" schon zur modernen Berufsanforderung gehört, reagieren viele Menschen gestresst. Deshalb legen uns selbst Pioniere der digitalen Revolution nahe: Bleibt souverän und lasst euch nicht „programmieren"!

BLOGS

Die meisten Blogs sind Geschwätz, stöhnen manche. Mag sein. Trotzdem ist es wirklich nicht schwer, aus der Flut von Online-Tagebüchern die guten Publikationen herauszufiltern, die den eigenen Medienmix beruflich oder privat bereichern. Wir Netzpiloten sind seit Jahren mit der profilierten Szene der Online-Meinungsmacher vertraut.

> http://www.netzpiloten.de

SOCIAL MESSENGER

Unter den schnellen Kommunikationsformen scheint die SMS derzeit nicht mehr hoch im Kurs. Rundum regieren die Echtzeit-Anwendungen diverser Messenger per Text und Video (MSN, Yahoo, GMX und viele andere). Ein echter Social Messenger muss als Kommunikationszentrale alles verbinden: Chat, Social-Network-Schnittstelle und E-Mail.

> http://www.pidgin.com

SOCIAL NEWS

Wer nicht nur am Tropf der klassischen Medien hängen will, setzt auf Crowdsourcing und lässt sich Nachrichten von anderen Netz-Nutzern empfehlen: Gemeinsam mit vielen Lesern markiert man gute Texte im Web und diskutiert darüber. Auf diese Weise werden aus reinen Medienkonsumenten zuweilen echte Bürgerjournalisten.

> http://digg.com

BEWERTUNGSPORTALE

Die Kraft der Konsumentenmeinung haben viele Unternehmen durch die Kommentare in Bewertungsportalen wie Ciao, Yelp oder TripAdvisor längst kapiert. Für Käufer sind solche Instanzen absolut hilfreich: Selbst für den Italiener um die Ecke kann man noch vor der Tür per Smartphone die Einschätzung anderer Pasta-Liebhaber einholen.

> http://www.qype.com

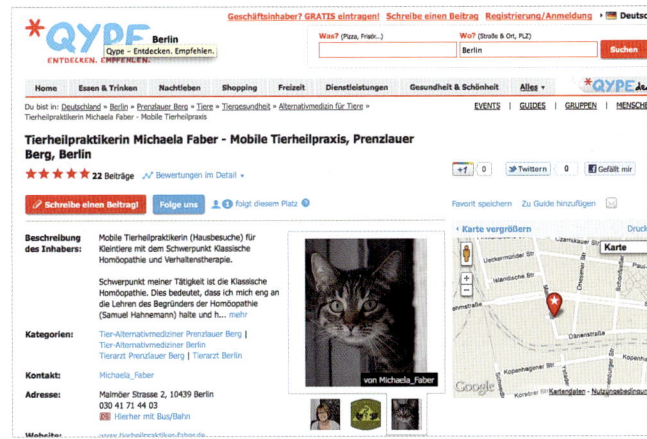

KAPITEL 1 – MITTEILEN

WIR MÜSSEN DIE ANGST ÜBERWINDEN, ETWAS ZU VERPASSEN!

Wir kennen dich als kompetenten und hochinformierten Social-Media-Strategen. Wie schaffst du es, mit der Informationsüberflutung zurechtzukommen?
Die Zeiten, in denen man immer bei allen Themen „on top" sein konnte, sind vorbei. Es mag sein, dass es früher mal so war, dass man morgens die Tageszeitung durchgescannt hat und danach über alles Wichtige informiert war. Das ist heute nicht mehr möglich. Dafür gibt es einfach zu viele Themen und zu jedem Thema zu viele Informationen. Das ist nun wahrlich keine große Erkenntnis, aber wohl doch eine, die wir erst verinnerlichen müssen.

Was müssen wir ändern im Umgang mit Informationen?
Es entspricht unserer Gewohnheit, Informationen so zu verarbeiten, wie wir mit unserem Briefkasten umgehen. Wenn wir ihn öffnen, leeren wir ihn komplett und arbeiten alle neuen Eingänge durch. Das Prinzip hat auch lange mit E-Mail-Programmen, Feedreadern, Twitter und anderen Diensten funktioniert. Aber inzwischen ist es in der Regel so, dass ständig so viel Neues in unseren Eingangskörben landet, dass wir nicht mehr hinterherkommen. Es ist ein ständiger Fluss von Informationen geworden, der nie mehr abreißt. Deswegen ist das wichtigste Prinzip nach meiner Erfahrung im Umgang mit Informationen, den Anspruch abzulegen, alles mitbekommen zu wollen und „on top" zu sein. Ich muss meine Angst überwinden, etwas zu verpassen. Das ist für mich eine essenzielle Fähigkeit im 21. Jahrhundert und wahrlich eine, die mir nicht leichtfällt. Das Interesse am Neuen ist eine der treibenden Kräfte in meinem Leben.

Und wie gehst du damit um?
Praktisch bedeutet dieser Ansatz zum Beispiel, dass ich bei weitem nicht mehr alles lese, was meine Kontakte auf Twitter schreiben. Die Anzeige der ungelesenen Artikel im Feedreader habe ich auch schon lange ausgeschaltet. Stattdessen behandle ich den ständigen Informationsfluss

Johannes Kleske

ist digitaler Stratege und betreibt zusammen mit zwei Partnern die Beratungsfirma Third Wave in Berlin.

als genau solchen: einen Fluss, in den ich immer wieder hineingreife und per Zufallsprinzip schaue, was es gerade so Interessantes gibt.

Was hilft dir dabei?
Ich lasse mich von Aggregatoren und Kuratoren unterstützen. Aggregatoren sind Dienste, die mit Algorithmen den Informationsfluss filtern und zum Beispiel besonders häufig genannte Links herausfischen (Beispiele: Rivva, Techmeme, Summify). Sie verschaffen einen guten Überblick, was beispielsweise das eigene Umfeld gerade interessant findet. Kuratoren wiederum sind einzelne Leute mit einer starken Kompetenz in einem bestimmten Bereich, die aus ihrem Informationsfluss die interessantesten Inhalte zu dem Bereich auswählen und aufbereiten (Beispiel: Brain Pickings). So helfen mir Mensch und Maschine sowie eine entspannte Grundhaltung und Serendipity (ein wunderbarer englischer Begriff, der sich leider kaum übersetzen lässt) beim Umgang mit der Informationsflut.

1 **Third Wave GmbH**
> http://thirdwaveberlin.com

2 **Summify**
> http://summify.com

3 **Rivva**
> http://rivva.de

4 **Techmeme**
> http://techmeme.com

5 **Brain Pickings**
> http://brainpickings.org

6 **Serendipität**
> http://www.netzpiloten.de/037

Welche Bedeutung haben die Blogs heute?

Vasco Sommer-Nunes

ist Gründer und Geschäftsführer der mokono GmbH, einem führenden Blogvermarkter und Betreiber von Blog-Communities.

> http://www.blog.de

Blogs sind noch immer die digitale Heimat der kreativen Klasse. Hier haben sie technische und inhaltliche Hoheit, können Aussehen und Content kontrollieren. Es entsteht aber auch oft das, auf was in Social Networks häufig verlinkt wird: interessante Inhalte. Blogger nutzen Social Networks als digitale Distributionswege für ihren Content – und verstehen es auch, diese richtig einzusetzen. Twitter wird mit anderen Blogbeiträgen gefüttert als zum Beispiel Facebook oder Google+. Das erklärt auch die steigende Reichweite von Blogs, denn Social Networks werden immer mehr zu Traffic-Lieferanten für die Orte, an denen guter Content entsteht. Und das sind häufig Blogs.

PROGRAM OR BE PROGRAMMED

Der US-Autor Douglas Rushkoff ist seit den 90er-Jahren einer der größten Vordenker für die digitale Revolution. Er hat uns alle stets dazu angehalten, die neue Welt ohne Vorurteile und Angst zu erforschen. Idealerweise sollten wir von den Kindern lernen, die neuen Medien ganz selbstverständlich wie eine neue Sprache zu begreifen. Jetzt geht er mit einem wichtigen Buch (leider noch ohne deutschen Verleger) sehr viel weiter: „Program or Be Programmed" lautet seine steile These. So wichtig wie Computerprogramme für unser tägliches Leben geworden sind, können wir es uns eigentlich nicht leisten, so wenig davon zu verstehen. Das bedeutet nicht, dass wir jetzt alle Programmieren lernen müssen. Aber wir sollten nicht zu passiven Anwendern werden, sondern ein emanzipiertes Verhältnis zu den neuen Medien pflegen. Hier sind seine „Ten Commands for a Digital Age":

I	**TIME** Do Not Be Always On
II	**PLACE** Live in Person
III	**CHOICE** You May Always Choose None of the Above
IV	**COMPLEXITY** You Are Never Completely Right
V	**SCALE** One Size Does Not Fit All
VI	**IDENTITY** Be Yourself
VII	**SOCIAL** Do Not Sell Your Friends
VIII	**FACT** Tell The Truth
IX	**OPENNESS** Share, Don't Steal
X	**PURPOSE** Program or Be Programmed

SOCIAL-MEDIA-GUIDELINES VON AUDIBLE

Auf der Suche nach vorbildhaften Anleitungen und Regelungen im Umgang mit Social Media sind wir auf die des Hörbücher-Services *Audible.de* gestoßen. Hier ein Auszug aus seinen Guidelines:

Social-Media-Richtlinien
Audible.de
Als Social Media werden Plattformen im Internet bezeichnet, auf denen man sich als Person bewegt und in den Austausch mit anderen treten kann.

Wir beteiligen uns bereits heute als Privatpersonen, Mitarbeiter und als Unternehmen im Internet an Gesprächen rund um die Welt der Hörbücher. Wir verstärken unser Engagement als Unternehmen aktiv, speziell auf Facebook und Twitter. Wir rufen zusätzlich einen Blog ins Leben, um unser Wissen und unsere Freude an Hörbüchern zu teilen, weiterzugeben und von anderen hörbuchbegeisterten Menschen zu lernen.

Die Beteiligung an diesen Gesprächen soll in erster Linie Transparenz gegenüber unseren Kunden, Geschäftspartnern, Interessierten und Hörbuchfans schaffen. Wir wollen Menschen durch unsere Leidenschaft für Hörbücher begeistern. Durch das Zusammenbringen von Hörbuchfans und die Teilnahme an Gesprächen wollen wir lernen unsere Arbeit, unser Angebot und unseren Service zu verbessern.

Für unsere Aktivitäten als Unternehmen und als einzelner Mitarbeiter von Audible.de, haben wir Richtlinien verfasst die uns allen die Kommunikation im Internet erleichtern soll. Die Kommunikation im Internet ist mit persönlicher, direkter Kommunikation gleichzustellen: Wir halten uns bei einem Telefonat mit einem Geschäftspartner, einer E-Mail an einen Kunden oder ein Gespräch mit einem Freund an meist ungeschriebene Regeln. Die Social-Media-Richtlinien gelten als ebensolche Regeln für den öffentlichen Austausch im Internet.

Die Teilnahme am Austausch im Internet ist freiwillig, aber wir wollen alle Mitarbeiter ausdrücklich unterstützen, sich sowohl privat und als Mitarbeiter von Audible.de im Netz zu bewegen, zu bloggen, zu twittern oder durch andere Plattformen an Gesprächen teilzunehmen.

BEST PRACTICE

1. RELEVANZ

Im Austausch mit anderen Hörbuchliebhabern bieten wir immer einen Mehrwert. Wir geben den Gesprächsteilnehmern mehr Einblicke und Hintergründe in die Hörbuchwelt bei Audible.de und nutzen dafür alle uns zur Verfügung stehenden Möglichkeiten. Dazu können Verweise auf Personen, Veranstaltungen oder Internetseiten zu Hilfe genommen werden. Unsere subjektiven Meinungen sind ausdrücklich erwünscht.

2. RESPEKT

Die Meinung jedes Gesprächsteilnehmers ist zu respektieren. Wir wollen niemandem unsere Meinung aufzwingen, machen uns über niemanden lustig und beleidigen niemanden. Stimmen wir nicht mit der Meinung eines Gesprächsteilnehmers überein, ist eine wertschätzende Diskussion ausdrücklich erwünscht. Jeder Austausch geschieht auf Augenhöhe.

3. SPASS

Wir verlieren nie unseren Humor. Wir haben Spaß, wenn wir uns mit anderen Menschen austauschen.

4. TRANSPARENZ

Wenn wir unsere Meinung als Mitarbeiter von Audible.de vertreten, dann machen wir uns als Mitarbeiter deutlich kenntlich. Es ist wichtig für jeden zu wissen, welchen Hintergrund die anderen Teilnehmer haben, um Aussagen einordnen zu können.

5. SCHNELLIGKEIT

Wenn wir uns in ein Gespräch einbringen, reagieren wir zeitnah auf Reaktionen von anderen Gesprächsteilnehmern.

6. GELASSENHEIT

In Gesprächen im Internet geht es oft kontrovers zu. Jeder kann seine Meinung vertreten. Diese muss nicht immer positiv sein. Schriftlich formuliert hören sich Standpunkte oft aggressiver an, als in Wirklichkeit gemeint. Egal wie hitzig eine Diskussion von Gesprächsteilnehmern geführt wird, ist unsere Devise: Cool bleiben, Lösungen anbieten und nie den Humor verlieren.

7. SICHERHEIT

Das Internet erinnert sich an fast alles. Also bringen wir uns nicht in Verlegenheit. Im Zweifel stellt man sich folgende Frage: „Würde ich das, was ich hier schreibe, auch in einem Gespräch zu meinen Eltern sagen?"

8. VERBINDLICHKEIT

Informationen, die wir aufgrund von Unternehmensrichtlinien bisher nicht kommuniziert haben, besprechen wir auch nicht im Internet.

9. ANSPRECHPARTNER

Wer über diese Richtlinien hinausgehende Fragen hat, kann sich jederzeit an uns wenden. Ihr wisst ja, wo ihr uns findet.

Wenn Ihr Kind Chats und Messenger für sich entdeckt hat …

- immer gemeinsam chatten, neutralen Spitznamen wählen
- einprägen, dass man nie genau weiß, wer am anderen Ende sitzt
- bei unangenehmen Vorkommnissen sofort Ignore-Button nutzen

- Kinder nicht in Chats für Erwachsene lassen
- Adresse und Telefonnummer niemals verraten
- niemals Fotos verschicken
- sich nie mit Chat-Bekanntschaften treffen ohne Eltern

SOCIAL NETWORK PHOTOGRAPHY

Wer sich in den Social Networks bewegt, begegnet ständig dieser neuen Gattung von Porträtfotos: Meist am ausgestreckten Arm mit dem Handy geschossen sind sie schnell gemacht, hochgeladen und oft gewechselt. Dabei sind die Bilder nicht nachlässig oder zufällig. Schließlich bewertet das gesamte Netzwerk den eigenen Look, Körper oder was sonst noch hergezeigt wird. Sabine Irrgang und Laura Piantoni haben die eindrucksvollsten Selbstporträts aus den verschiedenen Netzwerken zu einen herrlichen Coffee Table Book zusammen gestellt.

› http://socialnetworkphotography.com

SECOND SCREEN

Seit einiger Zeit ist bereits bekannt, dass viele Fernsehzuschauer parallel zum TV-Gerät einen weiteren Bildschirm komplementär am Start haben. Mit immer mehr Laptops, Tablets und Smartphones da draußen wird Social Television zum Volkssport: Leidenschaftlich werden Nachrichten-, Sport-, Musik- oder andere Großereignisse des linearen TV parallel parallel in den Social Networks kommentiert.

TWAZZUP

Eine kleine feine Echtzeit-Suchmaschine zum Filtern der täglich rund 350 Milliarden Twitter-Meldungen. Was wird über dich, dein Unternehmen oder deine Produkte geredet?

› http://www.twazzup.com

Braucht mein Teenager soziale Netzwerke zum Flirten?

Die Mitglieder

der Fachstelle SexnSurf, einem Landesprojekt der pro familia Hessen.

> http://www.sexnsurf.de

Ziel der Pubertät ist, die Elterngeneration aufs „Abstellgleis" zu schieben und das Ruder an die Jungen zu übergeben. Doch zuvor müssen Jugendliche die Kommunikation unter Gleichaltrigen, das Aufnehmen erster Liebesbeziehungen sowie die Bearbeitung der Stellung innerhalb der Gesellschaft meistern. Die jetzige Elterngeneration verfügte zur Bearbeitung dieser Entwicklungsaufgaben über ein Telefon in zentraler Lage und 1,5 Meter Kabel (Chatroom), Federmäppchen, verziert mit Liebesschwüren und Weltanschauungen (Profil), und spekulierte, wer auf eine weiter in der Zukunft liegenden Party kommen würde (virtueller Freundeskreis). In sozialen Netzwerken werden alte Themen der Menschheit mittels neuer Technik bearbeitet – deswegen: Ja, Jugendliche brauchen auch diese Plattformen zum Flirten.

MYTAXI APP

Diese App ist in einigen Großstädten schon der große Star: Einmal ausprobiert, will man nie wieder anders ein Taxi bestellen. Die App ermittelt den eigenen Standort, und Sekunden später kommt die Rückmeldung, welcher Fahrer (inklusive Name, Kundenbewertung und Direktruftaste) in wie vielen Minuten vor einem steht. Auf der Karte sieht man ihn heranzuckeln, und wir schwören: In Berlin benehmen sich die ersten Fahrer bereits auffallend freundlich für die erhofften Bewertungssterne.

> http://www.mytaxi.net

800.000.000

Facebook hat mehr als 800 Millionen aktive Nutzer. Mehr als 75 Prozent von ihnen leben außerhalb der USA. Jeder von ihnen hat durchschnittlich 130 Facebook-Freunde

Quelle: http://www.facebook.com/press/info.php?statistics

WAS IST FIVE SENTENCES MOVEMENT?

Jeder kennt es: Der elektronische Postkasten quillt über. Lange E-Mails machen es uns noch schwerer, zügig zu antworten. Radikale Digitalarbeiter verweigern da auch schon mal die Annahme: „tl;dr" (too long; did'nt read). Five sentences ruft auf zur Selbstdisziplin: Alle Antwortmails sollen höchstens fünf Sätze lang sein – egal was das Thema oder wer der Empfänger ist.

> http://five.sentenc.es
> http://emailcharter.org

ALLER ANFANG IST SCHWER.

Wo nicht auf bewährte Kommunikationsstrategien zurückgegriffen werden kann, musste manche Agentur oder Marke in den letzten Monaten schmerzlich erfahren, welchen Aufruhr eine einzelne ungeschickte Social-Media-Aktion hervorrufen kann. Die Netzpiloten sammeln die auffälligsten Ausrutscher für den jährlichen „Oops!Award". Damit soll nicht etwa Schadenfreude zur Schau gestellt, sondern Bewusstsein geschaffen werden, dass wir alle aus den Fehlern lernen und nicht damit aufhören sollten, immer wieder neue Kommunikationsversuche anzubieten.

> http://www.netzpiloten.de/018

Wie werde ich ein guter Mediencoach?

„Eltern sollten folgende Tipps zum kindgerechten Umgang mit sozialen Netzwerken berücksichtigen. In erster Linie ist es wichtig, dass Eltern Interesse und Verständnis zeigen, wenn ihre Kinder sich bei einem sozialen Netzwerk anmelden möchten. Die gezielte Information über Gefahren und wie man ihnen begegnen kann, ist außerdem notwendig. Nur wer einen klaren Standpunkt hat, wird soziale Netzwerke kompetent nutzen. Gemeinsam vereinbaren Eltern und Kinder dann: Dauer im Netz, Sicherheit bei Profileinstellungen und persönlichen Daten. Sind Eltern selbst Mitglied eines sozialen Netzwerks, sollten sie in all diesen Punkten Vorbild für ihr Kind sein. Wenn das gelingt, ist das Coaching perfekt."

Kristin Langer unterstützt die Initiative SCHAU HIN! als Mediencoach und fachliche Beraterin.

> http://www.schau-hin.info

WEB 2.0
SOCIAL NEWS   SOCIAL BOOKMARKING   DIGITAL NATIVES
                                         DIGITAL IMMIGRANTS
      SOCIAL MEDIA PLUGINS
SOCIAL MEDIA GUIDELINES   SAFER INTERNET   CROWDSOURCING
LOCATION BASED SERVICES   CREATIVE COMMONS
                          REPUTATIONSMANAGEMENT
      COMMUNITY   SOCIAL SHOPPING
         CYBERMOBBING   SOCIAL COMMERCE
                        AUGMENTED REALITY   MEDIENPÄDAGOGIK
      INFLUENCERS   WIKIS   GAMIFICATION   MEDIENVERTRAG
      FILESHARING
                           MEDIENKOMPETENZ

SOCIAL NETWORKS   TABLET PC
                                            CIVIC MEDIA   WIDGETS
         SMARTPHONE   E-PARTICIPATION   MOBILE
                                                          CROWD PUBLISHING
                                          KURATOR
OPEN GRAPH   CLOUD COMPUTING   APPS   DATENSCHUTZ
                                                  SOCIAL GRAPH
                  DIGITALE STRATEGIE
CONSTANT CONNECTIVITY
              INSTANT MESSAGING   E-PROFESSIONALS
                                                      CROWDFUNDING
                       E-LEARNING   E-DEMOCRACY

SMARTPHONE
              CYBERMOBBING   COLLABORATIVE WORKING
                  COLLABORATIVE LEARNING

2
LEBEN

Warum Social Media Guidelines eine gute Sache sind

Im Büro und zu Hause stiften die neuen Netzwerke so manchen sozialen Unfrieden: Müssen wir die Nutzung von Facebook & Co für unsere Mitarbeiter reglementieren? Für unsere Kinder? Welche Regeln sollen für wen gelten – und wer soll sie durchsetzen? Junge Menschen organisieren (fast) ihr ganzes Leben vom Netzwerk aus: Verabredungen werden dynamisch unterwegs getroffen, die Grenzen zwischen Job- und Privatkontakten verschwinden. Erwachsene haben ihre Lieben von nah und fern einfach alle ins Smartphone gebannt und in die Tasche gesteckt. Cooler Kick: Niemals mehr allein, sondern Freunde weltweit haben, Freunde von früher und Freunde von heute – und Freunde von Freunden.

SOCIAL NETWORKING SITES

Seit 2004 verändert sich das Web für Hunderte Millionen von Internetnutzern zu einem riesigen Kontaktnetz: Facebook, Google+, StayFriends oder die deutschen Plattformen StudiVZ und wer-kennt-wen laden rund um die Uhr zum virtuellen Kuscheln und Organisieren des eigenen Soziallebens ein. Es gilt: Wer nicht drin ist, existiert nicht!

> http://www.facebook.com

NISCHEN-COMMUNITIES

Das macht das Internet von jeher so einzigartig: Nur einen Klick neben den großen bedeutenden sozialen Netzwerken gibt es unzählige für den Einzelnen nicht minder wichtige Communities, in denen Profis, Laien, Betroffene, Käufer des gleichen Produkts oder einfach nur Justin-Bieber-Fans einander suchen und finden.

> http://www.bieberfever.com

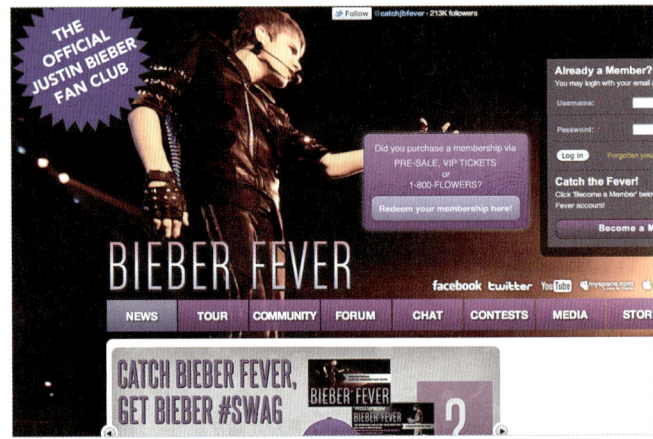

SOCIAL SHOPPING

Dass wir die Preise größerer Anschaffungen vorher im Netz checken, ist längst klar. Dass Amazon und Ebay uns smart mit Informationen anderer Käufer verknüpfen, ist oft hilfreich. Dass dieser neueste Schrei nun auch beim Social Shoppen von Klamotten angekommen ist, verwundert nicht: Im Onlineshop oder per Smartphone werden die Freunde zum Aussuchen zugeschaltet.

> http://www.refashion.de

STANDORTBEZOGENE NETZWERKE

Dank Mobilfunk und Smartphone werden sich die Dienste verstärken, die uns direkt mit Leuten aus unserer Umgebung verknüpfen. Netzwerke wie Foursquare oder Foreca.st sind in Deutschland noch nicht erfolgreich. Sie sprechen aber bereits viele junge Leute an und verknüpfen ihre Dienste geschickt mit lokalen Gutscheinen. Da geht was!

> http://de.foursquare.com

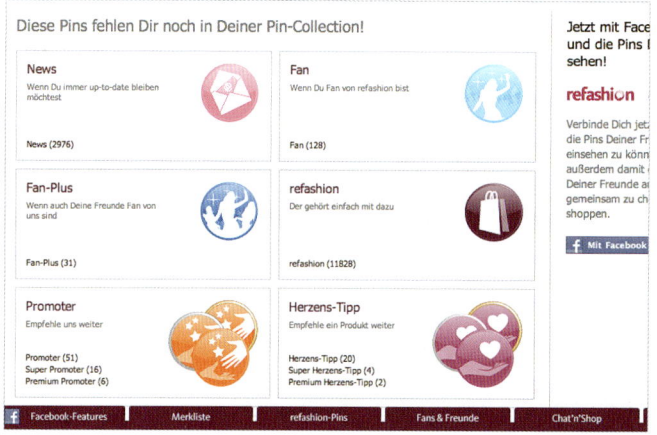

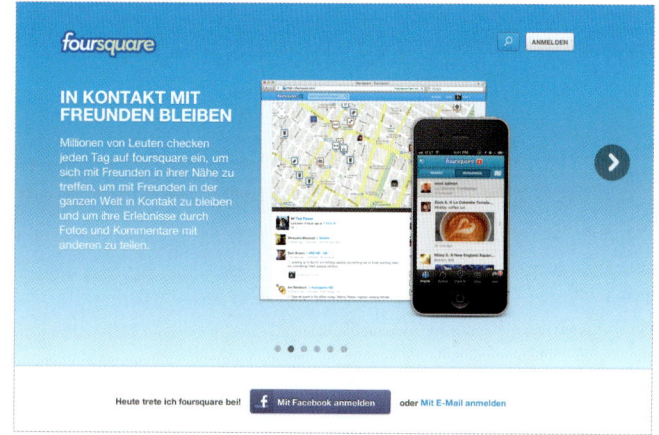

MEDIEN BEREICHERN UNSER LEBEN

Sie leiten das IZI, das 1965 gegründete Internationale Zentralinstitut für das Jugend- und Bildungsfernsehen. Die Medienlandschaft hat sich seitdem drastisch verändert. Sehen Sie noch Gemeinsamkeiten für die Rolle von Medien damals und heute?
Sicher. Menschen nutzen Medien, um sich ihrer Identität zu versichern. Fragen wie zum Beispiel „wer bin ich?" oder „bin ich in Ordnung, so wie ich bin?" bewegen Kinder und Jugendliche. Früher musste relativ mühsam in „Rauchende Colts" nach einer Identifikationsfigur gesucht werden, heute gibt es in Casting-Shows leichter zugängliche Modelle. Social Media nehmen bei Jugendlichen einen Spitzenplatz ein: Identitätsarbeit findet hier ununterbrochen in einem dynamischen Prozess statt. In direkter Kommunikation und mittels Bildern stellen Jugendliche sich dar, probieren Identitäten aus.

Eltern machen sich Sorgen, weil sie fürchten, das Herumprobieren im Netz könnte ihren Kindern schaden. Sie sehen sich in die unattraktive Rolle der Bedenkenträger gedrängt. Gibt es einen Ausweg?
Bevor Eltern ihre Kinder mit vielen Bedenken überschütten, sollten sie versuchen, das Medium und seine Rolle zu begreifen. Nur wenn sie darüber gut informiert sind, können sie begründete Bedenken vorbringen. Neben Informationsmaterial für Eltern sind Gespräche mit den Jugendlichen selbst eine Quelle. Wer was warum und in welcher Häufigkeit am Computer – und übrigens auch vor dem Fernseher – tut, könnte zumindest ab und zu Thema zu Hause sein.

Mit Datenschutz und Sicherheitseinstellungen kennen Jugendliche sich meist besser aus als Eltern. Welchen Bereich sollten Eltern zusätzlich beobachten?
Neben den technischen Einstellungen sollten Eltern darauf achten, dass wirklich zu den Jugendlichen durchdringt, dass das Netz nichts vergisst. Alles lässt sich wiederfinden, von böswilligen Nutzern speichern und immer

Dr. Maya Götz

ist Leiterin des Internationalen Zentralinstituts für das Jugend- und Bildungsfernsehen, das sich mit der Bedeutung von Medien im Alltag von Kindern und Jugendlichen beschäftigt.

wieder hochladen. Eine besondere Aufgabe mit Social Media liegt für Eltern darin, dass sie ihren Kindern beibringen, dass Regeln der Kommunikation nicht nur im Umgang mit einem direkten Gegenüber gelten. Also: Nicht immer dem ersten Impuls folgen und posten, was einem zuerst in den Sinn kommt. Erst mal nachdenken, erste Emotionen eventuell verrauchen lassen, dann antworten oder hochladen. Am Ende des Kommunikationskanals ist kein Computer – dort sitzt ebenfalls ein Mensch, oder es sind dort sogar ganz viele Menschen, das weiß man halt vorher nicht.

Was ist Ihr Top-Tipp für die Medienerziehung?
Medien sind dazu da, unser Leben zu bereichern. Eltern sollten mit ihren Kindern immer wieder überlegen, wo und wann welches Medium und welches Medienprodukt das leistet: Eine Fernsehsendung am Abend? Oder ein Computerspiel am Nachmittag? Und sie sollten auch üben, das Medium wieder abzuschalten.

1 **IZI**
> http://www.netzpiloten.de/010

2 **Flimmo-Programmberatung**
> http://www.flimmo.tv

3 **„Geflimmer im Zimmer"**
> http://www.netzpiloten.de/011

4 **Infos zur EU-Kampagne**
> http://www.netzpiloten.de/012

5 **Infokampagne für Jugendliche**
> http://www.watchyourweb.de

6 **Infokampagne für Erwachsene**
> http://www.medienbewusst.de

7 **Tipps zur Medienerziehung**
> http://www.netzpiloten.de/013

Fördert Social Media die Basisdemokratie?

Dr. Steffen Wenzel

ist Medien- und Politikberater und Mitgründer und Vorsitzender von pol-di.net e.V. in Berlin.

› http://www.politik-digital.de

Social Media fördert erst mal nur das Eigeninteresse an Kommunikation und Vernetzung. Es kommt deswegen immer auf jeden individuell an, aus welcher Motivation heraus soziale Medien genutzt werden. Wenn Basisdemokratie mehr direkte Demokratie bedeutet, dann können durch soziale Medien durchaus individualisierte Interessen kollektiviert werden. Ob diese dann aber auch in politische Aktionen münden, hängt von der Bereitschaft der Politik ab, sich auf diese Diskussionen und Forderungen einzulassen. Blickt man auf Stuttgart 21 und andere Bürgerbewegungen, ist dies anscheinend der Fall, da die sozialen Medien bei der Vernetzung der Bürger und bei der Verbreitung von Informationen eine entscheidende Rolle spielen und somit basisdemokratisch wirken.

internet - abc
Das Portal für Kinder, Eltern + Pädagogen

Brauchen Familien einen Medienvertrag?

„Ein Medienvertrag kann Kindern und Eltern dabei helfen, gemeinsam eine verbindliche Regelung zu finden, wofür und wie lange PC oder Konsole genutzt werden dürfen. Dabei sollte sich die Familie auf ein frei zur Verfügung stehendes, wöchentliches Zeitbudget einigen, das es den Kindern ermöglicht, selbstbestimmt und selbstverantwortlich mit ihrem Kontingent umzugehen. Tägliche kurze Zeiten lassen wenig Raum zum Beispiel für anspruchsvolle Spiele und können schnell frustrieren. Durch ihr Wochenbudget haben Kinder die Möglichkeit, sich auch in komplexere Aufgaben und Spielewelten einzuarbeiten, die Kreativität und Logik fördern und auch Erfolgserlebnisse bereithalten können."

Anja Haubrich ist Leiterin der Geschäftsstelle des Internet-ABC e.V.

SIXTH SENSE PROJECT

Wenn wissenschaftliche Anwendungen so sexy aussehen, als stammten sie aus dem neuesten Science-Fiction-Film, dann ist garantiert das MIT in Boston im Spiel. Dort werden zum Beispiel seit Jahren tragbare Computer als sechster Sinn entwickelt: Jede Oberfläche (auch die eigene Haut) wird in einen Touchscreen verwandelt. Per Webcam und Internetverbindung wird die direkte Umgebung erfasst und mit Informationen erweitert – so lassen wir uns Augmented Reality sehr gern gefallen.

> http://www.netzpiloten.de/019

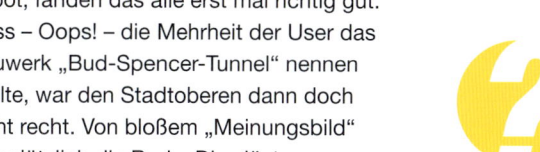

SOCIAL PLATTFUSS

Als die Stadtverwaltung von Schwäbisch Gmünd bei der Namensfindung für einen neuen Tunnel eine innovative Online-Wahl anbot, fanden das alle erst mal richtig gut. Dass – Oops! – die Mehrheit der User das Bauwerk „Bud-Spencer-Tunnel" nennen wollte, war den Stadtoberen dann doch nicht recht. Von bloßem „Meinungsbild" war plötzlich die Rede. Dies löste erwartungsgemäß Empörung bei den Online-Wählern aus. Immerhin entstand neben der Konfrontation schnell der Dialog und mit ihm ein Kompromiss: Jetzt soll das Freibad „Bud Spencer" heißen, in dem der ehemalige Leistungsschwimmer 1951 einen Wettkampf gewonnen hatte.

WAS IST EMPFEHLUNGSMARKETING?

Im verkaufsorientierten Umgang mit den sozialen Netzwerken erleben die Marken und Hersteller immer wieder, dass ihre klassischen Werbemittel dort nicht unbedingt funktionieren. Nach und nach erlernen sie die neuen Formen im Medium: Statt aggressiv zu werben, treten sie besser in den Dialog mit den Konsumenten und lassen ihnen Raum, damit sie ihre positive Meinung über ein Produkt persönlich weiterverbreiten. Die digitalen Formen der flinken Mund-zu-Mund-Propaganda sind die diversen „Gefällt mir"-Buttons, die im Netz benutzt werden.

WAS IST NEAR FIELD COMMUNICATION (NFC)?

Das Kürzel NFC wird man sich merken müssen wie einst GPS (Global Positioning System). Es bezeichnet die Fähigkeit der neuen Generation von Smartphones, auf kurze Distanz (circa 20 cm) Daten auszutauschen und sichere Transaktionen abzuwickeln. In erster Linie ist dies für Zahlungsabwicklungen interessant, aber auch für Verbraucher-Informationen und Rabattaktionen an Verkaufsstellen.

Wie schütze ich mein Kind vor Cybermobbing?

Rebecca Maier

ist auf Web-Sorgen spezialisierte Medienpädagogin beim Kinder- und Jugendtelefon „Nummer gegen Kummer".

> http://www.nummergegenkummer.de

Sorgen Sie dafür, dass Ihr Kind sich im Internet so sicher wie möglich bewegt. Zeigen Sie jüngeren Kindern die Sicherheitseinstellungen. Lassen Sie sich diese von älteren Kindern zeigen. Mit Jugendlichen diskutieren Sie eher: Welches Foto, welche Sprache ist angemessen? Wer ist überhaupt ein Freund? Kinder, die bei uns wegen Cybermobbing anrufen, befürchten, dass ihre Eltern ihnen das Internet verbieten. Manche denken, dass ihre Eltern Schritte in die Wege leiten, die alles nur noch schlimmer machen. Deswegen: Lassen Sie sich beraten. Cybermobbing kann jeden treffen. Kinder brauchen Erwachsene, um die Situation aufzulösen. Vermitteln Sie ihrem Kind, dass Sie zur Verfügung stehen, auch wenn der Ernstfall bereits eingetreten ist.

Anzahl der Minuten, die deutsche Internet-Nutzer in den Jahren 1997, 2004 und 2010 durchschnittlich pro Tag im Netz verbringen: 2 – 43 – 77

Quelle: ARD/ZDF

HEALTHY NETWORK

In Sachen Gesundheitsinformationen war das Internet immer schon ein heikles Medium. Wer nicht geübt im Suchen ist, landet mit seinen Fragen und Ängsten womöglich in oberflächlichen Foren oder mitten in einer für Laien unverständlichen Doktorarbeit. Besser aufgehoben wären Gesunde und Patienten in sorgsam kuratierten Gesundheitsnetzwerken, die nicht nur Information, sondern auch Motivation liefern. Noch scheinen sich solche Plattformen schwerzutun. Der allgemeine Trend zur Gesundheitsvorsorge bringt aber nun erfreulich ausgewogene digitale Gesundheitscoaches hervor, die bei immer mehr Volkskrankheiten (Bluthochdruck, Diabetes, Depression und andere) und überhaupt für ein gesundes Leben zur Seite stehen.

> http://www.hausmed.de

REPUTATIONSMANAGEMENT

Aus der Summe aller Texte, Bilder und Videos, die über eine Person oder ein Unternehmen im Netz vorhanden ist, setzt sich die Online-Reputation zusammen. Sich grundsätzlich achtsam im Netz zu bewegen ist in jedem Fall ratsam. Manche Unternehmen versuchen vorzusorgen, indem sie darauf achten, dass möglichst viele neutrale oder positive Inhalte über sie im Netz verbreitet sind. Auf diese Weise kann – so die Sicht der Reputationsmanager – ein einzelner negativer Artikel nicht überproportional viel Schaden anrichten. Überall dort aber, wo fremdes Einwirken (Hetzkampagnen, Cybermobbing) systematisch den guten Ruf verdirbt, erfordert es professionelle Hilfe von Anwälten und Diensten, die mit Verhandlungen und gezielten Textveröffentlichungen gegensteuern. Erfolg ist in der Regel nicht kurzfristig zu erringen.

> http://www.netzpiloten.de/022

Wenn Ihr Teenager soziale Netzwerke für sich entdeckt hat …

> über den Schutz personenbezogener Daten sprechen
> gemeinsam Regeln für das Profil und die Nutzung vereinbaren
> Profile von Bekannten anschauen, um zu sehen, ob man online etwas erfährt, was offline bisher privat war

> soziale Netzwerke nicht pauschal verbieten
> Jugendliche nicht unterschätzen: Wenn sie zu Hause gar nichts dürfen, gehen sie in den „Untergrund" und betreiben ein geheimes Profil
> Aufsicht und Gespräch nicht durch Stoppuhr und technische Filter ersetzen
> wenn es mal Probleme gibt: Nicht ausrasten, sondern gemeinsam eine Lösung suchen, sich beraten lassen

SOCIAL PETWORK PROJECT

Es war natürlich nur eine Frage der Zeit, bis sich in die ohnehin kuscheligen Social Networks die echten (meist vierbeinigen) Schmuseprofis einloggen. Noch haben Hund, Katz und Maus ihr eigenes Netzwerk, in dem sie chatten, Filme hochladen und wer weiß was sonst noch alles machen.

> http://www.mysocialpetwork.de

DAS IST IHR LEBEN

Facebook hat die Pinnwand der Nutzerprofile erweitert zu einem großen Stream aus chronologischen Daten („Timeline"). Man muss sich das vorstellen wie ein multimediales Magazin zu seinem eigenen Leben. Professionellen Datenschützern wird schwindelig bei der Vorstellung, an wie unendlich viele – aus erster Hand verlesene – Informationen (Interessen, Gesundheit, Familienleben …) das US-Unternehmen auf diese Weise gelangt. Auch der Gigant Google wirbt für seine Web-Alben und animiert per TV-Spot junge Eltern, doch gleich für das Neugeborene eine Online-Präsenz anzulegen und sorgsam mit Bildern und Texten zu pflegen, bis es den Account selbst übernehmen kann.

WEB 2.0
SOCIAL NEWS
SOCIAL NETWORKS
SOCIAL MEDIA NEWSROOM DIGITAL NATIVES
SOCIAL BOOKMARKING
E-LEARNING
SOCIAL MEDIA GUIDELINES DATENSCHUTZ
WIKIS
REPUTATIONSMANAGEMENT
E-ASSESSMENT SOCIAL GRAPH CYBERMOBBING DIGITALE STRATEGIE
CLOUD COMPUTING LOCATION BASED SERVICES
OPEN GRAPH MEDIENPÄDAGOGIK TABLET PC
FILESHARING SOCIAL MEDIA MANAGER E-PROFESSIONALS
MEDIENKOMPETENZ COMMUNITY APPS CROWDSOURCING
CREATIVE COMMONS MOBILE CROWDFUNDING CURATOR
MEDIENVERTRAG SOCIAL MEDIA PLUGINS GAMIFICATION DATENSCHUTZ

COLLABORATIVE WORKING

INSTANT MESSAGING SOCIAL COMMERCE MEDIENKOMPETENZ
CROWD PUBLISHING LOYALITÄTSMARKETING DIGITAL IMMIGRANTS
INFLUENCERS SOCIAL SHOPPING
E-DEMOCRACY
E-PARTICIPATION PRESENTATION SHARING
AUGMENTED REALITY
CONSTANT CONNECTIVITY
COMMUNITY CIVIC MEDIA
COLLABORATIVE LEARNING SMARTPHONE
WIDGETS SAFER INTERNET

3
ARBEITEN

Wie wir langsam, aber sicher in die Cloud abheben

Manchmal mögen wir uns kaum noch erinnern, wie träge unser Büroalltag funktionierte, bevor die Segnungen der digitalen Revolution uns erreichten. Dann gibt es aber auch die Tage, an denen uns das zehnte zeitfressende Update des Betriebssystems in die Verzweiflung stürzt. Was haben wir uns nicht schon herumgeschlagen mit enttäuschenden Betaversionen von vermeintlich bahnbrechenden Anwendungen. Doch jetzt soll alles anders werden: Nach der Flut von Software, die wir betreuen mussten, freuen wir uns auf die kuschelige Cloud, in der bald alles Digitale wartungsfrei hängen soll.
– Allzeit und überall bereit, immer aktuell und hoffentlich sicher. Machen wir uns nichts vor: Ein Spaziergang in den Wolken wird auch das nicht werden, aber hey, no more updates – ever!

SOCIAL OFFICE

Insbesondere für teambezogen Arbeitsumgebungen, aber auch für jeden Freelancer sind in den letzten Jahren viele neue webbasierte Werkzeuge entstanden. Sie verbessern die Kommunikation und Arbeitsorganisation durch gemeinsame Terminkalender, Mindmaps, virtuelle Telefonanlagen, Todo-Listen und Kontaktverwaltungen. Das spart Zeit und Geld.

> http://www.netzpiloten.de/009

DOCUMENT SHARING

Auf gemeinsame Dokumentenbibliotheken zurückzugreifen erleichtert die Gruppenarbeit enorm! Allein die Tatsache, dass alle Informationen auf dem neuesten Stand sind, vermeidet Unklarheiten. Online-Speicherdienste wie dropbox gehören zu den aufsteigenden Stars im Internet und genießen bereits das Vertrauen von Millionen von Anwendern.

> http://www.dropbox.com

PRESENTATION SHARING

Auch das ist eine beliebte Business-Anwendung im Social Web geworden: Professionelle Vorträge und Präsentationen werden der Allgemeinheit oder definierten Nutzerkreisen zur Verfügung gestellt. – Nicht nur als Inspiration fürs eigene Präsi-Basteln, sondern auf dass sie fleißig bewertet, verteilt und womöglich in andere Websites eingebunden werden. Present yourself!

> http://www.slideshare.net

PROFI-NETZWERKE

Die richtigen Leute mit den richtigen Kenntnissen zu finden ist ein zentrales Anliegen in der Businesswelt. Plattformen wie Xing und LinkedIn leisten hier mit ihren durchsuchbaren Nutzerprofilen wertvolle Dienste bei der Ansprache von Kunden oder potenziellen Mitarbeitern. Außerdem veranstalten die Netzwerkbetreiber online und offline wichtige Events für die Branche.

> http://www.xing.com

SOCIAL-MEDIA-MANAGER MÜSSEN AUTONOM SEIN

Wir kennen dich seit einigen Jahren als exzellenten Social-Media-Experten. Vermutlich bist du die Traumbesetzung für einen Social-Media-Manager, den viele Unternehmen da draußen jetzt dringend suchen. Du berätst und betreibst mit deiner Firma Third Wave zahlreiche Social-Media-Projekte. Wie groß ist der Hype um das neue dialogorientierte Netz?
Social Media ist heute als Thema bei den großen Unternehmen genauso angekommen wie im Mittelstand. Es ist nicht mehr der olympische Gedanke – „dabei sein ist alles" –, der zählt, sondern es geht inzwischen auch ganz konkret um die Frage: Wie können diese neuen Dialogkanäle unsere Organisation weiterbringen? Hier trennt sich dann die Spreu vom Weizen, und es zeigt sich, wer bei Social Media nur mitspielen möchte und wer es wirklich ernst meint.

Wie erlebt ihr die Innovationsbereitschaft der Unternehmen?
Wir haben Glück: Wenn jemand bei uns anruft, dann hat er sich in der Regel schon ein wenig in die Materie eingearbeitet und entschieden, sich richtig zu engagieren. Trotzdem gibt es natürlich gewaltige Unterschiede, wie ein Unternehmen mit dem scheinbaren Chaos im Social Web umgeht und wie groß seine Bereitschaft oder sein Druck zur Innovation ist. Unser Ziel ist es immer, unsere Kunden ein wenig auf ihrer eigenen Innovationskurve nach vorne zu rücken, indem wir sie in die Lage versetzen, eigenständig die neuen Verhaltensmuster zu erkennen, die die Digitalisierung mit sich bringt. Dabei geht es häufig um die ganz grundlegenden Dinge: Wie sollten die Teams zusammengestellt werden, worauf sollte das Management achten? Wir helfen, die Basis zu bauen – den Rest schaffen die Unternehmen dann in der Regel selbst.

Peter Bihr

ist digitaler Stratege und betreibt zusammen mit zwei Partnern die Beratungsfirma Third Wave in Berlin.

Zum Mitschreiben für die Personalabteilungen da draußen: Wer braucht einen Social-Media-Manager, und was muss er oder sie können?

Also erst mal: Es genügt nicht, ein sogenannter „Digital Native" zu sein und einfach nur mit den vielseitigen Anwendungsmöglichkeiten der digitalen Technologie aufgewachsen zu sein. Stattdessen würde ich immer auf strategisch denkende, vielseitig interessierte Generalisten setzen, die einen gewissen Hang zum Spieltrieb haben. Es gehört zum Job, viel zu lesen, zu experimentieren und sich bei Trends auf dem Laufenden zu halten. Ein Social-Media-Manager sollte sich privat gerne im Social Web bewegen, gut organisiert und ein Teamplayer sein. Wichtig für die Personalabteilung: Der Social-Media-Manager muss autonom und mit genug Autorität ausgestattet sein, um mit seinem Wissen auch wirklich andere Abteilungen beeinflussen zu können. Social-Media-Manager müssen das Unternehmen sowohl nach außen als auch nach innen für die neuen Anforderungen fit machen. Intern sollten sie es sein, die die Richtlinien entwickeln, wie Mitarbeiter für ihre Firma in Social Networks kommunizieren sollen und wie der private Gebrauch von Social Media am Arbeitsplatz sinnvoll und erlaubt ist.

1 **Third Wave GmbH**
> http://thirdwaveberlin.com

2 **Social-Media-Manager**
> http://www.netzpiloten.de/006

3 **Digital Native**
> http://www.netzpiloten.de/007

4 **Berufsbild Social-Media-Manager**
> http://www.netzpiloten.de/008

CLOUD COMPUTING

In Wirklichkeit ist die Auslagerung eines Großteils unserer Daten ins Internet ein großer vertrauensvoller Schritt in die digitale Zukunft. Viele Profis benutzen bereits seit ein paar Jahren aufstrebende Dienste wie Dropbox (45 Millionen Nutzer), die ihnen die bequeme Lagerung ihrer Dateien außerhalb ihres eigenes Computers ermöglichen. Die Vorteile sind immens: Alle Daten zur Kommunikation und Arbeitsorganisation sind immer von überall aus abrufbar. Kalender, Adressbücher, Tabellen werden auf verschiedenen Endgeräten (Desktop, Laptop, Smartphone, Tablet) mühelos ständig synchronisiert und aktuell gehalten. Die Sicherheit scheint bislang weitgehend gewährleistet. Kein Wunder also, dass die Branchenriesen wie Microsoft und Apple jetzt auch unsere privaten Festplatten plündern wollen: Musik, Filme, Fotos sollen zukünftig in riesigen Data Centern vorgehalten werden. Das ermöglicht schlankere Endgeräte und mehr Flexibilität. „Menschen denken, wir sind einfach ein Datei-Ordner", sagt Dropbox-Gründer Drew Houston und ist sich damit seiner vertrauensvollen Aufgabe hoffentlich voll bewusst.

„*Seine geschäftlichen oder privaten Daten in die Cloud zu geben sollte mit Vorsicht geschehen: Kann ich dem Betreiber des Cloud-Dienstes hundertprozentig vertrauen? Kann ich davon ausgehen, dass dort der Datenschutz penibel ernst genommen wird und auch der größtmögliche Schutz besteht gegen kriminelle Angriffe Dritter oder Fehler von Mitarbeitern? Letztlich ist der größte Eigenschutz immer noch dieser: Überlegen Sie gut, welche Ihrer Daten Sie in die Cloud geben wollen!*"

Sven Gerlach ist Business Development Manager bei der Integralis Deutschland GmbH

„*Die Freiheit der zukünftigen Arbeitswelt liegt in der Cloud. Alles was man braucht, ist eine gute ‚Connection' zur Wolke. Da bleibt nur die Frage offen: Was passiert eigentlich, wenn die Wolke mal nicht ‚erreichbar' ist …?*"

Claudia Wulf ist Managing Director von Nakama Germany

WAS IST SOCIAL MEDIA MONITORING?

Wer mit seinem Unternehmen, seinen Produkten oder auch als freiberuflicher Digital Professional im Social Web präsent ist, will selbstverständlich auch den Erfolg seiner Aktivitäten überprüfen. Hierfür gibt es zahlreiche Tools, mit denen man wichtigste Kennzahlen wie die Anzahl der Fans und der Seitenabrufe sowie Erwähnungen in Blogs, Tweets und Social-Media-Konversationen überwachen kann. Wir haben eine Liste der wichtigsten Helfer zusammengestellt.

› http://www.netzpiloten.de/017

„Die seit Jahren im Büro geläufige Floskel ‚asap' (as soon as possible) hat längst ausgedient. Zu langsam. Zu träge. Im Jahr 2012 dreht sich alles um Echtzeitkommunikation. Das hat etwas Beruhigendes: Wir haben das Maximum an Geschwindigkeit erreicht – schneller als Echtzeitkommunikation geht nicht. Die Kehrseite: Wir müssen dafür ‚always on' sein. Unsere Batterien sind also schneller leer. Also: Ab und zu auch mal an die Energie-Effizienz denken und auf ‚sometimes off' umschalten."

David Eicher ist Inhaber und Geschäftsführer der webguerillas GmbH

APPS FÜR MIKROJOBS

Schüler und Studenten haben ohnehin schon fast alle ein Smartphone in der Tasche. Damit sind sie auch bestens erreichbar für jede Form von Mikrojobs, die bequem in noch größerer Zahl per App verteilt werden können: Einkaufen, Hund ausführen, Keller ausräumen – in den USA verteilen TaskRabbit und Air-Run bereits Tausende solcher Gelegenheitsjobs.

› http://www.taskrabbit.com

THANK YOU NOTES

Mit dem Einzug des Social-Media-Gedankens ins Internet sprießen folgerichtig die webbasierten Motivationstools. LoveMachine will Unternehmen helfen, dass sich die Mitarbeiter untereinander mehr loben oder wenigstens mit kleinen Feedbacks die Leistung der anderen anerkennen.

› http://www.trial.sendlove.us

Wie funktioniert ein von Social Media geprägtes Unternehmen?

„*Bei Fork, wie auch in der gesamten fischerAppelt-Agenturgruppe mit fast 300 Mitarbeitern, haben wir ein firmeninternes Social Intranet für die Kommunikation zwischen Mitarbeitern, Teams, Disziplinen und sieben Standorten im Einsatz. Im Zusammenspiel mit gruppentauglichem Aufgabenmanagement und digitalen Projekträumen können wir so auch dezentral sehr erfolgreich an komplexen Aufgaben zusammenarbeiten.*"

Manuel Funk ist Mitgründer und Geschäftsführer der Agentur Fork Unstable Media in Hamburg, Berlin und Köln.

SOCIAL ENTERPRISE

Webbasierte Businessanwendungen, die die Zusammenarbeit zwischen den Mitarbeitern eines Unternehmens koordinieren und motivieren sollen, tauchen derzeit an allen Ecken auf. Es ist schwer, den Überblick zu erlangen und die beste Anwendung auszuwählen. Jenseits der Verträglichkeit mit internen Prozesssystemen (zum Beispiel SAP) ist heute vor allem die vernetzende und mobile Komponente entscheidend. Neue Business-Stars wie Yammer kommen daher wie ein Twitterdienst für Firmenmitglieder. Andere wie Hyve von doubledutch setzen auf simple Bedienbarkeit und spielerischen Konkurrenztrieb mittels Smartphone. Salesforce ist dank Cloud Computing derzeit vielerorts der Liebling der IT-Administratoren

> http://www.netzpiloten.de/024

GLÜCKLICHE KUNDEN

Gut gemachter Kundenservice ist für alle Beteiligten ein echter Segen: Für den Kunden ist es der schnellste Weg, seine Fragen oder Probleme loszuwerden, und für das Unternehmen ist der Kommunikationsweg kosteneffizient. Mit Social Media werden die Anforderungen an die Dialoge allerdings anspruchsvoller. Deshalb bieten Plattformen wie Get Satisfaction inzwischen bejubelte Lösungen an, wie man den digitalen Kundenservice optimieren kann. Sie filtern E-Mails und eingehende Hotline-Gespräche, sie leiten Tweets oder Facebook-Anfragen an den richtigen Ansprechpartner im Unternehmen weiter. Das Ziel ist es, durch Schnelligkeit und Relevanz starke Kundenbeziehungen und sogar zufriedene Kunden-Communities aufzubauen. Ihr Motto: „Turn Likes into Love".

> http://www.getsatisfaction.com

COKE & MENTOS

Hier ein unterhaltsames Erinnerungsstück aus der Zeit, als das Netz den großen Konzernen noch als Hort von terroristischen Anschlägen auf ihre Marken erschien: 2006 haben zwei wunderbare Spaßvögel Coca Cola mit Mentos versetzt, was als chemische Reaktion hysterische Fontänen hervorruft. Der Limonaden-Konzern soll damals nicht erfreut gewesen sein. Das wäre heute sicherlich anders. Rückblickend sowieso: Über 14 Millionen Menschen haben das Video bereits angesehen!

> http://www.eepybird.com

FREUNDE FÜR FREIBERUFLER

Ein Hamburger Start-up macht bei Wettbewerben auf sich aufmerksam mit einer smarten Online-Toolbox, die sich speziell an Freiberufler richtet: „tagwerk ist ein Dienst von Freelancern für Freelancer" und hat das Ziel, mit zahlreichen, einzeln buchbaren Modulen den eigenen kleinen Geschäftsbetrieb zu organisieren: Von der Ausgabenerfassung über Projektmanagement bis zu Rechnungsstellung und Zeiterfassung sind rund zehn Funktionen einsetzbar. Besonders nett: Das überzeugende kostenlose Einsteigerpaket!

> http://www.mein-tagwerk.de

Erst denken, dann posten, tweeten, podcasten…

Wir Netzpiloten haben uns für den Einsatz von Social Media eine Reihe von Fragen gestellt (und – zugegeben – nicht alle beantwortet, bevor wir mit Social Media loslegten):

1. Was sind unsere Ziele – Markenbekanntheit, Reichweite, Neukundengewinnung?
2. Welche Zielgruppe haben wir vor Augen? Mit wem wollen wir in Dialog treten?
3. Welche Art von Ansprache erwarten unsere Kunden/Nutzer? Wollen sie überhaupt Dialog-Angebote von uns? Was können wir ihnen bieten?
4. Sind wir bereit, Geld auszugeben und Social Media einen angestammten Platz in unserem Marketing-Mix einzuräumen?
5. Können wir uns 18 Monate Social-Media-Aktivitäten leisten, auch wenn wir erst mal keinen Return of Investment messen können?

> http://www.netzpiloten.de/023

52 Prozent der Personalverantwortlichen in Unternehmen informieren sich online über Bewerber.

Quelle: BITKOM e.V., 2011

E-PARTICIPATION
MEDIENVERTRAG
MEDIENPÄDAGOGIK
SOCIAL MEDIA PLUGINS
E-DEMOCRACY
E-PROFESSIONALS
SOCIAL SHOPPING
SOCIAL NEWS
LOYALITÄTSMARKETING
COMMUNITY
MOBILE CROWDFUNDING CURATOR
SOCIAL Q&A
CROWDSOURCING DIGITALE STRATEGIE
MEDIENKOMPETENZ
SOCIAL NETWORKS
COLLABORATIVE WORKING SOCIAL MEDIA NEWSROOM GAMIFICATION CLOUD COMPUTING DIGITAL NATIVES
FILESHARING
WIDGETS
DIGITAL IMMIGRANTS
CROWD PUBLISHING CREATIVE COMMONS
E-LEARNING
WEB 2.0
SOCIAL MEDIA MANAGER
CONSTANT CONNECTIVITY LOCATION BASED SERVICES SOCIAL BOOKMARKING TABLET PC E-ASSESSMENT
OPEN GRAPH
SOCIAL COMMERCE JUGENDMEDIEN SOCIAL MEDIA GUIDELINES
WIKIS
COLLABORATIVE LEARNING
CYBERMOBBING
INSTANT MESSAGING
DATENSCHUTZ SOCIAL GRAPH
SAFER INTERNET APPS
COMMUNITY
CIVIC MEDIA
AUGMENTED REALITY **SMARTPHONE**
INFLUENCERS
PRESENTATION SHARING

4
LERNEN

Wir wir alle lebenslang lernen werden

Die Kreidetafel verschwindet – zum Glück! Lernen wünschen wir uns heute staubfrei, knapp, präzise, unterhaltsam, außerdem nach unseren Bedürfnissen maßgeschneidert, und es soll dann möglich sein, wenn der Lernende Zeit hat. Dank Social Media erfüllen sich viele dieser Wünsche: Sei es durch fesselnde Vorträge per Video oder vielfältig, effizient und kostengünstig per E-Learning. „Collaborative learning" heißt in der digitalen Welt das, was im Klassenzimmer die Gruppenarbeit ist. Firmen setzen die Plattformen für Schulungen ein, echte Schulklassen üben das Miteinander im virtuellen Raum. Gelernt wird flexibel in Modulen, in offenen oder geschlossenen Arbeitskreisen, mit oder ohne Konferenztechnik. So etabliert sich das Social Web als Säule der Wissensgesellschaft: Lebenslanges Lernen für alle!

WIKIS

Den Internet-Traum vom gemeinsam gesammelten Wissen hat die freie Enzyklopädie Wikipedia beeindruckend verwirklicht. Kein Wunder, dass Unternehmen, Vereine und Organisationen auf der Welt nach diesem Vorbild ihre eigenen Wikis bauen: Überall wird kollektives Wissen gesammelt, archiviert und zugänglich gemacht.

> http://www.wikipedia.org

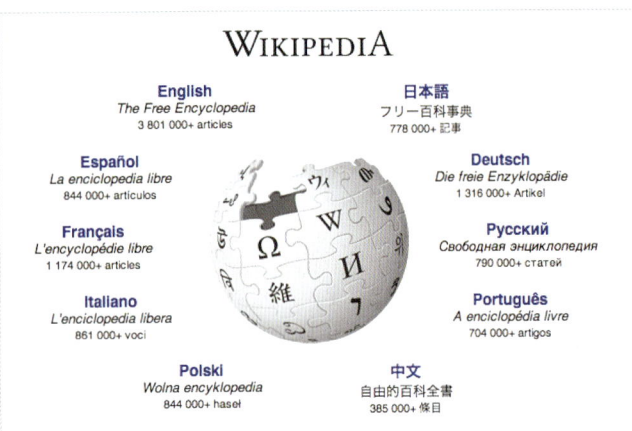

SOCIAL Q & A

Frage- und Antwortseiten erleben im Internet gerade eine kleine Renaissance. Womöglich vermissen die Nutzer bei den klassischen Suchmaschinen das soziale Element und bevorzugen für einige Fragen persönlichen Expertenrat. Bei Q-&-A-Angeboten wie Quora, Ask oder wer-weiss-was funktioniert der Austausch von Wissen und Knowhow auf der Basis gegenseitiger Hilfe.

> http://www.wer-weiss-was.de

BOARDS & FOREN

Mal ehrlich: Was wäre das Internet ohne seine Message Boards, Newsgroups und Hilfe-Foren? Zwar redet heute kein Mensch mehr vom Usenet, aber im Grunde sind die moderierten und unmoderierten Communities die Urform von Social Media. Hier wird über Gott und die Welt und jedes Spezialwissen diskutiert. Inklusive provozierender Trollbeiträge!

> http://www.big-boards.com

TUTORIALS

Keine Frage: Unser aller genialster Erklärer ist YouTube! Vom Krawattenbinden über Mathenachhilfe bis zum Photoshop-Tutorial ist einfach alles dabei. Wer smart sucht, spart viel Geld für sonst teure Fortbildung. Wer Tutorials übersichtlich aufbereitet und qualitätsgesichert haben will, der nutzt gezielt eines der vielen Spezialverzeichnisse zum Lernen mit der Mouse.

> http://www.tutorials.de

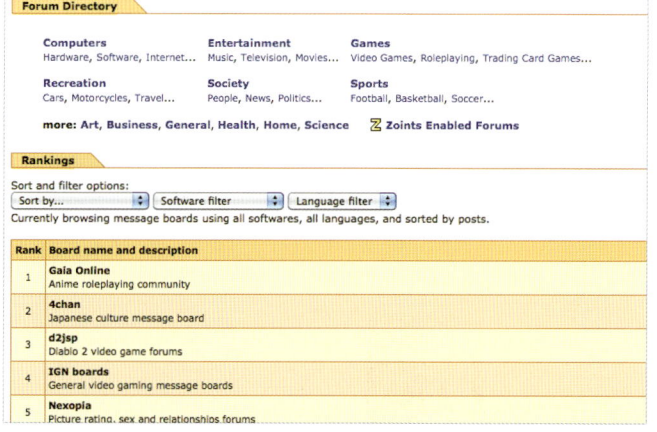

BEWERBEN OHNE NASENFAKTOR

Ihr seid Pioniere im Bereich der webbasierten Vorauswahl (eAssessment) von Nachwuchskräften. Worin liegen die größten Vorteile für Jobanbieter?
Unternehmen lieben den Einsatzes von eAssessments natürlich wegen seiner enormen Effizienz! Grundlage sind zunächst die Vorteile von herkömmlichen Online-Bewerbungen: digitale Arbeitsabläufe, datenbank-gestützte Auswahlmöglichkeiten, Rund-um-die-Uhr-Verfügbarkeit. Das Tolle aber ist, dass eAssessments über die rein biografischen Bewerbermerkmale hinausgehen und auch nach getesteten Eigenschafts- und Verhaltensmerkmalen selektieren.

Diese konnten früher nur im physischen Vorstellungsgespräch oder bei Probearbeiten ermittelt werden. Wie funktioniert das digital?
Wir verwenden Instrumente aus der Eignungsdiagnostik, der Assessment Center Forschung sowie der qualitativen Marktforschung. Das geht los mit der Bereitstellung von aufwendigen virtuellen Unternehmensrundgängen, bei denen die Bewerber schon mal einige Einblicke in das Unternehmen und seine Philosophie erhalten. Im Zentrum stehen dann verschiedene situative Online-Tests, die die kognitive Leistungsfähigkeit sowie die Problemlösekompetenz und Planungsfähigkeit der Kandidaten überprüfen.

Welche Vorteile haben die Kandidaten beim eAssessment?
Sie können die Tests mit sehr niedrigem Aufwand zu Hause durchführen. – Und zwar wann sie wollen und vor allem in ihrem eigenen, stressfreien Umfeld. Außerdem gibt es keinen „Nasenfaktor" – das heißt, es ist zunächst nicht die zwischenmenschliche Komponente, die persönliche Chemie zwischen Bewerber und Personalmitarbeiter im Spiel. Der digitale Testvorgang bleibt weitgehend objektiv.

Joachim Diercks und Ramin Mirhachemzadeh

hatten zusammen mit zwei weiteren Studenten bereits 1996 die Idee zum spielerischen Online-Recruiting. Im Jahr 2000 gründeten sie in Hamburg ihre Firma Cyquest.

Ihr sprecht vom „Recrutainment" bei eurem Verfahren. Was ist das?
Wichtig ist, dass die eAssessments nicht als reine Aneinanderreihung von Testformularen daherkommen, sondern – wie bei uns eigentlich immer – ansprechend gestaltet sind. Parallel zum Test gibt es immer auch informative und unterhaltsame Elemente. Es geht uns um einen unverkrampften Prozess mit möglichst niedrigen Barrieren.

Welche Rolle spielt Social Media heute bei den Tests?
Social Media spielt vor allem bei den Self-Assessments eine wichtige Rolle. Hierbei kann jeder selbst herausfinden, ob er zu einem Unternehmen passt. Wir haben zum Beispiel für Unilever das spielerische Selbsttest-Tool „Could it be U?" auf Facebook entwickelt. Derzeit arbeiten wir daran, dass unser Klassiker-Spiel aus dem Jahr 2000, die „Karrierejagd" nächstes Jahr ein Revival bekommt – dann garantiert mit starken kollaborativen Elementen!

1 **Cyquest**
> http://cyquest.net

2 **Karrierejagd**
> http://www.karrierejagd.de

3 **Unilever Selbsttest-Tool**
> http://www.netzpiloten.de/005

4 **Online-Assessment**
> http://www.netzpiloten.de/036

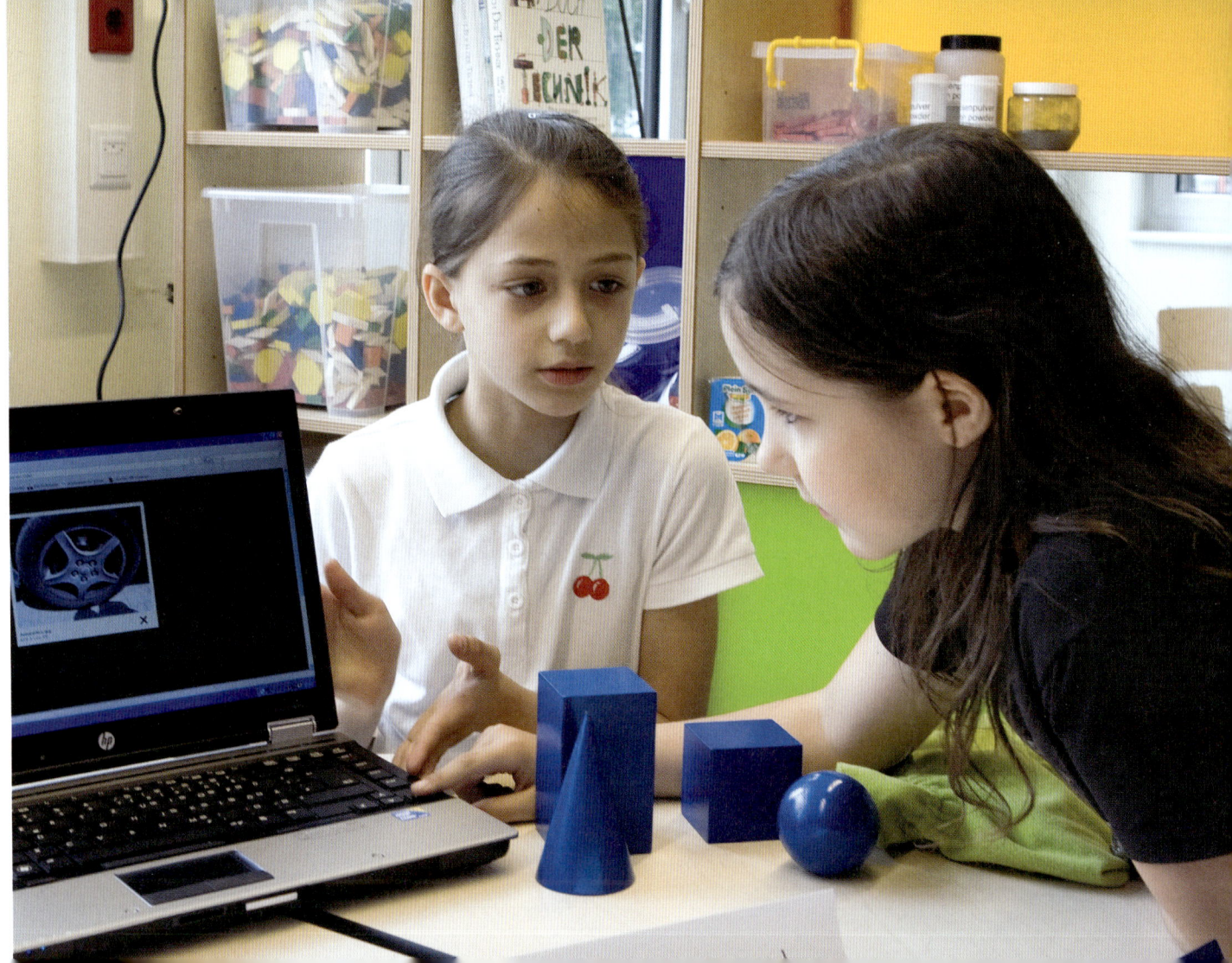

KOLLABORATIVES LERNEN

Die Idee vom technikgestützten Lernen ist natürlich nicht neu. Schulen sind am Netz und – doch, ja! – inzwischen arbeitet man auch dort mit den interaktiven Smartboards, statt sie nur als staubfreie Tafelalternative zu benutzen. Die Konsequenz jedoch, mit der das Berliner Projekt „Explorarium" die Technik mit dem Prinzip des gemeinsamen Lernens verbindet, ist erstaunlich: Das „Explorarium" liefert eine komplett eingerichtete virtuelle Lernwerkstatt, die dem gemeinsamen Erkunden eines Themas mittels vernetzter Computer dient. Das Thema kann frei gewählt werden – aktuell reicht die Bandbreite an den 16 teilnehmenden Schulen von Heimatkunde über das korrekte Bepflanzen des Schulgartens bis zum Drehbuch-Workshop. Das Herzstück ist die zugehörige Online-Lernplattform bei Moodle, einem Open-Source-Lernbetreuungssystem. Kurz gesagt, erstellt man mit Moodle dynamische Webseiten für die Schüler: ein virtuelles Klassenzimmer und ein Chatsystem. Lehrer schätzen am „Explorarium" die gute didaktische Aufbereitung und die praktische Beratung. So gibt es Modellkurse, die bereits mehrfach durchgearbeitet wurden. Aber es ist auch jederzeit möglich, jeden Stoff anzupassen, zu verändern oder – mit einer Fachberatung vor Ort – selbst ganz neue Stoffe und Wege zu erproben. Während des Projekts sind nicht nur die Schüler miteinander vernetzt, sondern auch die Schulen und Lehrer untereinander. Schüler lieben den spielerischen Anteil an „Explorarium"-Kursen und mögen es, in wechselnden Gruppen oder auch allein Stoffe zu erarbeiten. Auch die im Unterricht eher stillen Schüler kommen so zu ihrem Recht. Eltern wiederum sind begeistert von der Mischung aus virtueller und realer Lernwelt: Eines der Lernziele ist stets, die jungen Forscher in die echte Welt hinauszuschicken, um Eindrücke zu sammeln – und erst danach sollen diese online und gemeinsam verarbeitet werden.

1 Berliner E-Learning-Werkstatt
> http://www.explorarium.de

2 Virtuelle Lernumgebung als Open-Source-Software
> http://www.moodle.org

3 E-Learning-Awards des European Schoolnet
> http://elearningawards.eun.org

4 „Explorarium" – Video
> http://www.netzpiloten.de/035

DIE IDEEN-SCHLEUDER

TED steht für Technology, Entertainment, Design und ist derzeit die renommierteste Missionsbewegung bei der Verbreitung neuer Ideen. Angefangen als elitäres Gipfeltreffen in den 80er-Jahren ist heute das Konglomerat aus verschiedenen Konferenz-Formaten weltumspannend. Das Beste daran: TED Talks sind als hervorragend produzierte, kurze, präzise Vorträge im Internet abrufbar. Tipp: Per App lassen sich die Dateien bequem sichern, um sie jederzeit auch ohne Netzverbindung anzuschauen.

› http://www.ted.com/talks

AUGMENTED REALITY

Mit dem Smartphone oder einem Tablet in der Hand erweitern wir ständig unsere Umgebung mit Wissen aus dem Internet. Wir halten die Kamera auf einen Berggipfel, ein Gebäude, einen Gegenstand und erhalten Informationen über das Display. Augmented Reality verleiht dem Alltag eine zusätzliche Ebene und vermag auch statische Elemente (wie zum Beispiel ein Printmagazin) sinnlich durch Filme oder Soundstücke multimedial zu erwecken. Noch sind die meisten Anwendungen Spielerei. Je mehr sich aber die technischen Möglichkeiten verbessern (– und ja doch, die albernen Spezialbrillen ...!), desto stärker wird die Verschmelzung zwischen stofflicher und virtueller Welt stattfinden.

› http://www.layar.com

DIGITALER SPRACHENCOACH

Mit all den zahlreichen Diensten, die uns auf allen Geräten rund um die Uhr zur Verfügung stehen, gibt es eigentlich keine Ausrede mehr, warum wir nicht ständig unsere Fremdsprachenkenntnisse verbessern. Zum Standard gehören Vokabeltrainer, Tutorials, Schreibübungen und bei vielen Angeboten, wie beispielsweise babbel.com, auch die Vernetzung zu anderen Schülern.

> http:/www.babbel.com

MOODLE

Die Open-Source-Software für Lernplattformen ist der Renner in Firmen, Schulen und Unis: Über 70.000 registrierte Projekte mit mehr als 50 Millionen Nutzern bedienen sich der virtuellen Kursräume für kooperatives Lehren und Lernen. Dort werden Wikis erstellt, Dokumente geteilt, Prüfungen absolviert oder Chats geführt. Didaktisch ist Moodle völlig unvoreingenommen: Grundsätzlich ist alles möglich – wobei die interaktiven Funktionen der Idee des Erfinders weit mehr entsprechen als die reine Materialverteilung.

> http://www.moodle.org

WAS IST BLENDED LEARNING?

Blended Learning hat nichts mit Whisky zu tun, wohl aber mit to blend – mischen. Hier wechseln Präsenz- und Fernunterricht einander ab: E-Learning-Angebote aus internetbasierten Übungen und/oder das gemeinsame Erstellen von Inhalten, ergänzt durch echte Gruppenveranstaltungen im Real Life. Die Methode verspricht mehr Erfolg als das reine E-Learning, bei dem die Motivation, so ganz allein am Bildschirm, doch schnell verpufft, und ist flexibler als der pure Unterricht im Klassenzimmer, bei dem das Lerntempo nicht individualisiert werden kann. So ist Blended Learning vorerst der Weisheit und Kosteneffizienz letzter Schluss.

WAS IST KURATIEREN?

Dem Modewort der Social-Media-Szene schwingt etwas Vornehmes, fast Abgeklärtes mit. Entlehnt aus der Welt der Galerien und Museen, wo Ausstellungen kuratiert werden und Kuratoren nicht die Originalschaffenden, sondern erlesene Kunstkenner sind, setzt sich scheinbar auch die Netzversion etwas ab vom Schreibhandwerk.

„Zu kuratieren heißt nur vordergründig, eine kleine Link-Reise zu schreiben. Es ist im Grunde eine Haltung, fremde Texte nicht geringer zu schätzen als eigene, fremde Meinungen und fremde Kontrolle zu tolerieren und Aufmerksamkeit zu verschenken in der Erwartung, sie auch dadurch zu bekommen, dass man sich selbst ein wenig zurücknimmt."

Christoph Kappes ist Berater für Online-Strategie und Geschäftsführer der Fructus GmbH

KAPITEL 4 – LERNEN

Der Mensch in Medienwolken

Wie hat sich unsere Kommunikation über die Jahrzehnte hinweg verändert? Für welche Herausforderungen müssen wir uns in der Zukunft wappnen? Das Projekt „Kommunikation 2020" hat anschaulich einige exemplarische (männliche) Mediennutzungstypen von den 60er-Jahren bis ins Jahr 2020 illustriert.

Die moderne menschliche Kommunikation wird vor allem beherrscht durch das Zusammenspiel aller digitalen Inhalte und Kanäle. Notebooks, Tablets und Smartphones bieten alle digitalisierbaren Medieninhalte in einem Gerät.

Projektwerft, die Macher des Projekts „Kommunikation 2020" schulen Unternehmen und Institutionen im Umgang mit Zukunftsfragen, die unsere moderne Kommunikation betreffen. Weitere Medienwolken-Typen finden sich auf ihrer Website.

> http://www.kommunikation2020.de

Word Cloud

SOCIAL NEWS
CYBERMOBBING E-DEMOCRACY
SOCIAL NETWORKS SOCIAL SHOPPING
DIGITAL NATIVES
DATENSCHUTZ SOCIAL GRAPH DIGITAL IMMIGRANTS
MEDIENKOMPETENZ WIKIS FILESHARING NUTZUNGSRECHT
SOCIAL MEDIA PLUGINS APPS SOCIAL MEDIA GUIDELINES GAMIFICATION
COLLABORATIVE WORKING
E-PARTIZIPATION
E-PROFESSIONALS USER GENERATED CONTENT
BLOG CREATIVE COMMONS URHEBERRECHT

E-ASSESSMENT
LOCATION BASED SERVICES

COLLABORATIVE WORKING

INSTANT MESSAGING REPUTATIONSMANAGEMENT CIVIC MEDIA
CROWDSOURCING
MICROBLOGGING CROWDFUNDING
E-LEARNING COLLABORATIVE LEARNING COMMUNITY KURATOR
CLOUD COMPUTING SAFER INTERNET
LOYALITÄTSMARKETING
PRESENTATION SHARING WEB 2.0 P2P
MOBILE DATENSCHUTZ TABLET PC DIGITALE STRATEGIE MEDIENPÄDAGOGIK
MEDIENVERTRAG
CONSTANT CONNECTIVITY SMARTPHONE WIDGETS INFLUENCERS
SOCIAL COMMERCE CROWD PUBLISHING OPEN GRAPH
SOCIAL MEDIA NEWSROOM SOCIAL BOOKMARKING
AUGMENTED REALITY

5
TEILEN

Wie wir Texte, Autos, Häuser und sogar die Arbeit teilen

Wer jemals mit ein paar hippen Social-Media-Machern in einem Restaurant verabredet war, wo dann alle permanent mit ihrem Smartphone fummeln, der kennt folgende **vier Stadien der Bewältigung**: *1. Stufe* (Statt Speisekarte werden Smartphones studiert): **Verständnis** (Sie kommen grade aus dem Büro, müssen noch was nachschauen); *2. Stufe* (Der eine fotografiert sein Essen, lädt es zu foodspotting hoch, bekommt ein Badge dafür und ist jetzt dish expert): **Empörung** (Das darf doch nicht wahr sein!); *3. Stufe* (Auf Facebook hat ein Bekannter was aus Köln gepostet): **Ehrgeiz** (Ich erzähle so mitreißend eine absurde Geschichte, dass sie f ü n f M i n u t e n nicht auf ihre Smartphones schauen); *4. Stufe* (Ihre Köpfe senken sich erneut zum Minibildschirm): **Resignation** (Ich bin offenbar fader als ein Smartphone).

VIDEO-SHARING

Filmkünstler, private Spaßvögel und Marketingexperten nutzen gleichermaßen die gigantischen Serverkapazitäten von YouTube, Vimeo und Konsorten, um ihre Videobotschaften weltweit zu verbreiten. Die Bewertungen der Community und die Social Plugins entscheiden darüber, ob die Stücke zum viralen Erfolg werden oder nicht.

> http://vimeo.com

FOTO-SHARING

Selbst die größten Internetzauderer lernen den Umgang mit Flickr, wenn sie Bilder vom letzten Familienzuwachs aus der Verwandtschaft sehen wollen. Firmen schätzen das zentrale Management (und womöglich den einen oder anderen Suchmaschinenvorteil), wenn sie Bilder ihrer Produkt- oder Firmenwebsites auf Flickr lagern.

> http://www.flickr.com

SOCIAL BOOKMARKING

Derzeit ist es etwas still geworden um die Social-Bookmark-Dienste wie Delicious, Yigg oder StumbleUpon. Dabei sind die leicht zu pflegenden Depots von interessanten Websites, Artikeln und Kommentaren durchaus praktisch. Sie sind auf jedem Rechner der Welt verfügbar, und teilbar mit anderen Nutzern sind sie auch.

> http://delicious.com

STREAMING MUSIC

Wir haben mit dem innovativen Internetradio last.fm bereits seit 2006 gelernt, wie man kostenlos gute Musik legal hören kann. Das smarte Prinzip, durch Bewertung der Songs immer mehr ähnliche Künstler serviert zu bekommen, haben die neuen Stars Spotify und Soundcloud noch weiterentwickelt und auch für die Künstler selbst interessant gemacht.

> http://www.spotify.com

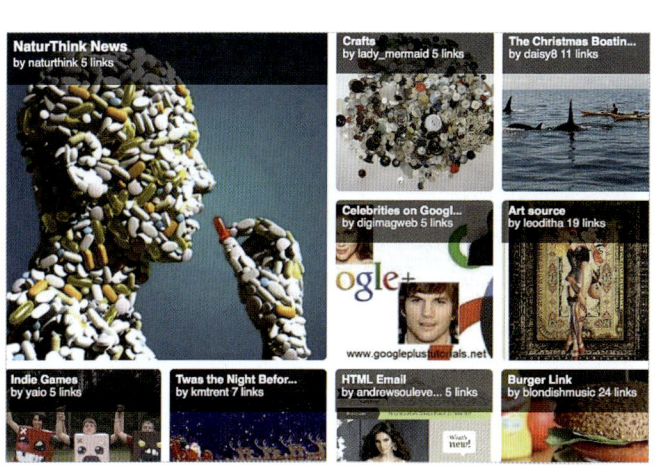

ALTERNATIVE PROJEKTFÖRDERUNG: CROWDFUNDING

Beim Crowdfunding werden Privatleute zu Investoren, die sich in der Regel mit kleineren Beträgen an der Verwirklichung eines Projekts beteiligen können. Welche Projekte eignen sich hierfür besonders?

Laut einer Crowdfunding-Studie von Ikosom sind es vor allem Veranstaltungen, Filme und Musikprojekte, die bisher via Crowdfunding auf den deutschsprachigen Plattformen unterstützt wurden. Grundsätzlich aber hat jede kreative Idee das Potenzial, über die Crowd realisiert zu werden. Einfluss auf den Erfolg hat unter anderem die Höhe der aufzubringenden Summe, die Ausgestaltung der Prämien, die man als Gegenleistung für eine Unterstützung erhält, sowie das mitgebrachte Netzwerk. Und natürlich spielt die Kommunikation eine große Rolle: Je transparenter und regelmäßiger über ein Projekt kommuniziert wird, desto eher hat es Aussicht auf Erfolg.

Wie kommt eine Crowdfunding-Kampagne über den eigenen Verwandten-, Freundes- und Bekanntenkreis hinaus in Schwung?

Wichtig ist es, sich in der Planungsphase zu überlegen, welche Zielgruppen man erreichen will. Diese Gruppen spricht man wenn möglich direkt an, oder man versucht, Influencer und Meinungsbildner für das Projekt zu gewinnen. Dazu gehören unter anderem Journalisten, Blogger, aber auch Menschen, die sich für eine Sache einsetzen und als Multiplikatoren wirken. Für die Crowdfunding-Kampagne zum Kinderfilm „Manusha – Die kleine Romahexe" sprechen wir etwa Roma-Vereine in Österreich an, aber genauso Menschen, die sich für Kinderfilme begeistern, oder Bildungseinrichtungen.

Wie schätzt du das Potenzial dieser neuen Finanzierungsform ein?

Hohes Potenzial ist bereits jetzt gegeben, auch wenn diese Form der Projektfinanzierung noch sehr neu ist im deutschsprachigen Raum. Es fehlen noch „Vorzeigeprojekte", die auch eine

Wolfgang Gumpelmaier

ist Social-Media-Berater, Blogger und Trendscout in Sachen Kommunikation und Neue Medien.

breite Masse erreichen. Momentan müssen wir noch sehr viel Bewusstsein für Crowdfunding schaffen; in ein, zwei Jahren aber sieht die Sache sicher anders aus. Crowdfunding wird dann zum fixen Bestandteil einer alternativen Projektförderung gehören!

KICKSTARTER

Die weltweit größte Plattform, auf der in erster Linie Künstler und Unternehmer Geld für ausschließlich kreative Projekte einsammeln können, weist viele Tausend von Vorhaben aus. Vom ambitionierten Foto-Projekten über spielerische Produkte wie zum Beispiel Magnete in Molekülform bis zum Dokumentarfilm über die Townships in Kapstadt ist alles dabei. Wichtig sind für jedes Projekt die klaren Beschreibungen, Ziele und Erwartungen. Auch der Vorteil für die vielen Geldgeber sollte erkennbar sein. Zum erfolgreichen Kickstart gibt die Plattform reichlich Hilfestellung, damit es auch gelingt, mit smarten Texten, Videos und Kampagnen in wenigen Wochen das gewünschte Geld einzusammeln.

> http://www.kickstarter.com

1 **Wolfgang Gumpelmaier**
> http://www.gumpelmaier.net

2 **Manusha – Die kleine Romahexe**
> http://www.netzpiloten.de/020

3 **Crowdfunding – Wikipedia**
> http://www.netzpiloten.de/021

4 **Crowdfunding – Klartext**
> http://www.netzpiloten.de

Finger weg von Download-Diensten wie Bittorrent?

Matthias Spielkamp

ist Journalist und leitet die mit dem Grimme Online Award ausgezeichnete Informationsplattform iRights.info.

> http://www.irights.info

Nein. Bittorrent ist ein Werkzeug. Man kann es nutzen, um so effizient wie mit keiner anderen Technologie große Dateien auszutauschen, zum Beispiel Filme, Software, große Datenmengen. Wissenschaftler, Programmierer und Kreative auf der ganzen Welt nutzen es für diese Zwecke. Wie jede Technik kann auch diese Peer-to-Peer-Technologie missbraucht werden – etwa um Filme, Musik oder Software ohne Zustimmung der Rechteinhaber anzubieten. Aber Aufklärung ist fast immer ein besserer Weg als Verbote. Wer weiß, was man tun darf und lassen muss, ist für die digitale Welt wesentlich besser gerüstet als die, denen es verboten ist, sich mit ihren Möglichkeiten auseinanderzusetzen.

WAS IST CREATIVE COMMONS?

Die vielfältige Netzkultur wäre ohne freie Inhalte nicht denkbar. Das Revolutionäre, was die Nonprofit-Organisation Creative Commons geschaffen hat, ist die Möglichkeit, dass alle Kreativen mit einfach verständlichen Lizenzen ihre Werke zur legalen nichtkommerzielle Verbreitung anbieten können. Bedingungslos ist die Weitervergabe deshalb aber nicht: Mindestens gilt immer die Namensnennung des Urhebers, und festgelegt wird auch, ob das Werk verändert werden darf oder nicht. Kürzlich hat das renommierte US-Onlineangebot Wired.com seine begehrten Fotos unter Creative-Commons-Lizenz gestellt – gegen eine direkte Verlinkung auf seine Website (Backlinks), die dafür sorgen soll, dass das Magazin eine bessere Positionierung in den Suchmaschinen erhält.

GRUPPENBÜCHER

Das Paradebeispiel für schwarm-intelligentes Schreiben ist natürlich die Enzyklopädie Wikipedia. Auch die von Bloggern kollektiv überprüfte Doktorarbeit des Karl-Theodor zu Guttenberg hat gezeigt, wie in kürzester Zeit immense Textarbeiten bewältigt werden können. Inzwischen wird überall im Netz kollaborativ geschrieben und veröffentlicht. Für die Arbeitswelt sind Open-Source-Gruppenbücher (meist nützliche Handbücher) interessant, an denen mehrere Autoren ihr Wissen zusammenwerfen. Im Privaten boomen alle Formen von gemeinschaftlich entstehenden Jahr-, Freundes- oder Hochzeitsbüchern.

> http://www.bookpecker.de

KOLLEKTIVE WELTANSICHT

Überall auf der Welt fotografieren und filmen Menschen dieselben Motive und laden die Bilder ins Netz. Hieraus entsteht womöglich eine grandiose Weiterverwertung: Dienste wie Photosynth und Panoramio sind bereits seit einigen Jahren in der Lage, Bilder aus Digitalkameras und Handys zu analysieren (Geo-Daten, Umrisse, Kameraposition und -winkel) und so aus Schwärmen von Bildern ein neues, dreidimensionales Bild des bekannten Motivs zu kreieren. Beeindruckendes Beispiel ist eine aus Tausenden von Flickr-Bildern zusammengesetzte Ansicht von Notre Dame in Paris. Google und Microsoft nutzen diese Form des Geo-Imaging bereits für ihre Bing-Maps- und Street-View-Projekte.

> http://www.netzpiloten.de/025

SHOPPING-HAUL-VIDEOS

Sie sind die Sensation des Social Shoppings: Junge Frauen setzen sich zu Hause vor ihre Videokamera und präsentieren ihren Zuschauerinnen ausführlich ihre letzten Einkäufe. Sie führen Kosmetika vor, geben Outfit-Tipps fürs nächste Date und lassen ihre neuesten Hauls („Beute") bewerten. Andere packen vor der Kamera genüsslich ihr neues iPad aus. Die Videos wirken direkt, charmant, können manchmal auch nerven – und sind ziemlich sicher verkaufsfördernd. Deshalb ist die Zeit der unschuldigen Selbstdarstellerinnen auch längst vorbei. In den USA verdienen mittlerweile etliche Haul-Video-Stars gutes Geld durch Sponsoring und Werbung.

> http://www.netzpiloten.de/026

SOCIAL READING

Wie „social" ist Lesen? Heutzutage wird alles daraufhin überprüft, ob es einen Mehrwert erlangt, wenn man Social-Media-Features zu einer herkömmlichen Betätigung addiert. Bringt es Menschen zusammen, wenn sie sich in einem virtuellen Buchclub jederzeit mit anderen Lesern des aktuellen Romans austauschen und für alle einsehbar Notizen und Interpretationen einstellen können? Vorausgesetzt sie lesen digitale Ausgaben auf dem Computer, Smartphone oder Tablet-PC, können regelrecht Studienkreise für gemeinsames Lernen entstehen.

> http://www.thecopia.com

47,5 % der Konsumenten vertrauen am meisten den Empfehlungen aus ihrem Social-Network-Umfeld, 21 % aus dem Bereich Microblogging und 2,5 % aus dem Fernsehen.

Quelle: Global Web Index – Social Entertainment, jährlicher Report 2011

CARSHARING

In deutschen Großstädten kommt Carsharing jetzt richtig in Fahrt! Neue flotte Angebote wie tamyca, car2go oder Autonetzer überbieten sich gegenseitig an Unkompliziertheit und flexiblen Preisstrukturen. Selbst das eigene Auto lässt sich bequem zum Profitcenter umwandeln. Platzhirsche wie die Deutsche Bahn testen ebenfalls innovative und umweltfreundliche Versionen. Endlich wird Carsharing auch für die Kurzzeitnutzung attraktiv. Die Verwirklichung der Vision scheint greifbar nahe: Von unserem Smartphone gelenkt wechseln wir ohne Zeitverlust mehrere Verkehrsmittel und surfen so durch unsere Stadt! Ausprobieren!

› http://www.nachbarschaftsauto.de

NIMM DAS!

Wer Freunden von Foodspotting erzählt, erntet entweder verständnisloses Kopfschütteln oder helles Entzücken mit sofortigem Download der App. Für die, die Letzteres tun, wird es schnell zum großen Spaß, in Restaurants vor dem ersten Bissen ihr Essen zu fotografieren und das Bild ins Netz zu stellen. Spielerische Elemente und Anreize auf dem Weg zum Super Spotter halten die erstaunlich schnell gewachsene Feinschmecker-Gemeinde bei guter Laune. Auch wer nicht aktiv beiträgt, kann von den Empfehlungen profitieren und sich die nicht zu verpassenden Top-Gerichte eines Restaurants anschauen.

› http://www.foodspotting.com

Wenn Ihr Teenager Downloads für sich entdeckt hat …

> über Urheberrechte sprechen

> Vorbild sein: Auch selbst keine schwarz kopierte Software nutzen, keine illegal geladenen Filme gucken

> legale Alternativen gemeinsam entdecken

> heimisches WLAN prüfen, damit auch das Nachbarskind nicht über Ihre IP-Adresse rauf- und runterlädt

> nicht achtlos runterladen, was kostenlos zu sein scheint: Bei Abzocke-Angeboten sind Hinweise oft versteckt

> Abmahnungen und Rechnungen nicht ignorieren. Besser: Sofort die Verbraucherzentrale kontaktieren

> Tauschbörsen und Filesharing-Dienste nicht pauschal sperren. Lieber darüber reden, was erlaubt ist und was nicht

SOCIAL BOOKMARKING   CREATIVE GAMING

BROWSER GAMES

WEB 2.0   JUGENDMEDIEN   **APPS**   JUGENDSCHUTZ

SOCIAL MEDIA NEWSROOM   SOCIAL NEWS   LOCATION BASED SERVICES   CREATIVE COMMONS   MEDIENKOMPETENZ

MMORPG

E-ASSESSMENT   SOCIAL COMMERCE   OPEN GRAPH   **SOCIAL MEDIA GUIDELINES**

SOCIAL MEDIA PLUGINS   **CLOUD COMPUTING**   SOCIAL MEDIA MANAGER   DIGITAL IMMIGRANTS

COMMUNITY
SOCIAL NETWORK   DIGITAL NATIVES   SOCIAL GRAPH

WIKIS   **TABLET PC**   # SOCIAL GAMES

DIGITALE STRATEGIE
REPUTATIONSMANAGEMENT   INFLUENCERS

FILESHARING   INSTANT MESSAGING   MEDIENVERTRAG   **CYBERMOBBING**
KURATOR   CROWDSOURCING   CROWD PUBLISHING

AUGMENTED REALITY   **MEDIENKOMPETENZ**   CROWDFUNDING
SOCIAL SHOPPING

MOBILE   MEDIENPÄDAGOGIK   **BLOG**   E-PROFESSIONALS
WIDGETS   MICROBLOGGING
COLLABORATIVE LEARNING   PRESENTATION SHARING

COLLABORATIVE WORKING
LOYALITÄTSMARKETING   DATENSCHUTZ   E-PARTICIPATION
E-LEARNING   CIVIC MEDIA   E-DEMOCRACY

GAMIFICATION

SMARTPHONE   **PRÄVENTION**

CONSTANT CONNECTIVITY   **SUCHT**

SAFER INTERNET

6
SPIELEN

Warum es für jeden ein unwiderstehliches digitales Spiel gibt

Let's play! Eine Riesenwelle elektronischer Spiele ging in den letzten Jahre über uns hinweg. Die Produktionskosten dieser Games erreichen mittlerweile die Budgets von Hollywoodfilmen; faszinierende Welten öffnen sich. Suchtpsychologen und Eltern wissen, wie schwer es sein kann, so ein Spiel zu beenden. Daneben haben nun denkbar simple Spiele die Screens erobert: Browsergames – nichts installieren, einfach losdaddeln. Bei der Bandbreite an Spielen von Angrybird bis World of Warcraft gibt es für jeden von uns ein Spiel, das uns Spaß macht und eine Zeit lang in seinen Bann zieht. Ein Trost für Eltern: Die Extrem-Spiel-Phase von Jugendlichen ist meist kurz. Nach dem 16. Geburtstag können sie ruhig mal wieder einen Versuch mit dem guten alten Monopoly starten – auf dem iPad selbstverständlich.

BROWSERGAMES

Weil man letztlich nur einen Rechner und einen Webbrowser braucht, erwischen die schnell startenden Browsergames früher oder später jeden von uns für ein bisschen Zeitvertreib. So werden allein oder in Teams Dörfer gebaut (Travian), Hühner gehütet (Farmerama) oder Piratenüberfälle gespielt (Seafight), was das Zeug hält. – Am Arbeitsplatz natürlich nur in der Pause!

> http://de.bigpoint.com

LOCATION-BASED-GAMES

Wer Shadow Cities spielt, ist ganz vorne mit dabei! Spieler betreten in dieser Verbindung aus Smartphone, GPS und Fantasy ein völlig neues Level digitaler Spiele: Eine zuvor ausgewählte, real existierende Stadt wird computergestützt erweitert (Augmented Reality) und verschmilzt mit einer virtuellen, von Geistern bevölkerten Welt zu einer magischen Spielfläche.

> http://www.shadowcities.com

SOCIAL GAMES

Die kleinen Zeitfresser gehören längst zu den Hauptanwendungen der Social Media Networks. Integriert in Facebook und Co. bieten Angry Birds und Farmville dem Nutzer stets willkommenes Entertainment, wenn der Newsfeed mal gerade nichts zu bieten hat. Gespielt wird alleine oder mit Freunden, und wer Geld ausgeben will, deckt sich mit virtuellen Gütern ein.

> http://www.rovio.com

GEOCACHING

Die GPS-gestützten Schnitzeljagden nach den verborgenen Dosen (gefüllt mit Logbuch und Kleinigkeiten) sind durchaus ein Social Game: Ihre Mitglieder sind online stark vernetzt (inklusive Rankings, Wettbewerbe, E-Mail-Ticketing und Verabredung zum Gruppen-Geocaching), und als gesundes Freiluftspiel ist es allemal empfehlenswert.

> http://www.geocaching.de

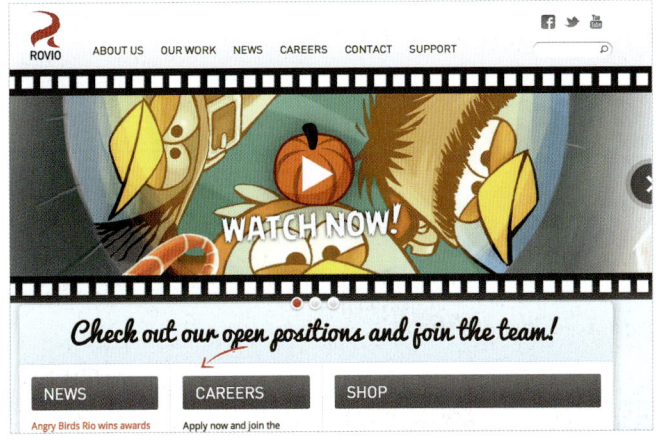

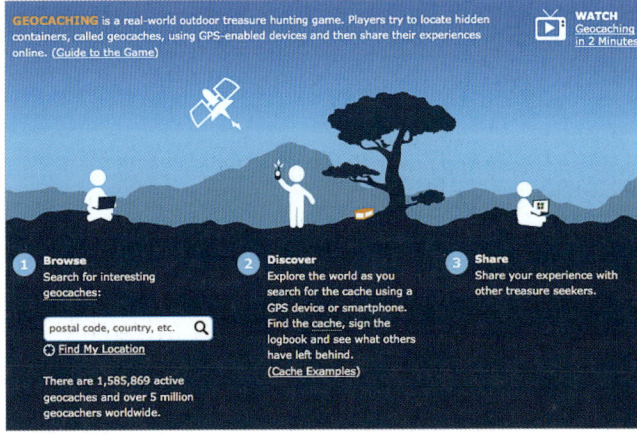

WO VIRTUELLE KRIEGER TANZEN

Was ist Creative Gaming, und was tun Sie?
Creative Gaming ist ein medienpädagogisches und künstlerisches Konzept. Wir schulen den kreativen Umgang mit Computerspielen, im Gegensatz zu einem Umgang, der sich an den Vorgaben der Spielehersteller orientiert. Wir gehen in Schulen und veranstalten Workshops. Dort helfen wir Kindern, neue Geschichten innerhalb von bestehenden Computerspielen zu entwickeln oder auch ganze Spiele selbst zu kreieren.

Wie funktioniert das?
Beim Erfinden ganz neuer Spiele helfen wir den Kindern, eine Spielidee und auch ein Spieldesign zu entwickeln und mittels einfach zu bedienender Software in ein echtes, spielbares Game umzusetzen. Die andere Möglichkeit ist, dass die Kinder ein Drehbuch schreiben und mit Figuren aus bekannten Computerspielen wie SIMS als Trickfilm inszenieren. In Workshops mit den über 16-Jährigen verändern wir auch Ballerspiele. Statt dass die virtuellen Krieger schießen, lassen wir sie tanzen oder aufs Autodach steigen und surfen. Dies erfordert soziale Kompetenz bei der Entwicklung einer alternativen Handlung innerhalb der Gruppe. Dazu braucht es filmisches Verständnis und eine Idee zur Choreografie. So brechen wir die Spielregeln und schaffen etwas Neues, was wiederum immer zum Nachdenken anregt.

Wieso ist das Medienpädagogik, wenn jetzt auch noch in der Schule gedaddelt wird?
Spielen tun die Jugendlichen ohnehin, zu Hause oder bei Freunden. Die Idee ist, dass wir eben nicht nur daddeln, sondern in der aktiven Auseinandersetzung mit der Geschichte, der Strategie und dem Design das ganze Spiel hinterfragen. Kinder probieren Dinge aus, die im Spiel so nicht vorgesehen sind, und erleben sich als Gestalter: Die Perspektive ändert sich. Außerdem ist das kreative Spielen ja nur ein Baustein in medienpädagogischen Projekten. Es wird flankiert von Gesprächen über all die Schwierigkeiten, die Computerspiele auch mit

Andreas Hedrich

ist Sprecher der 2007 gegründeten Initiative Creative Gaming, die Kindern und Jugendlichen den kreativen Umgang mit Computerspielen nahebringt.

sich bringen, wie zum Beispiel die Gewalt in vielen Games. Aber Computerspiele sind ein guter Türöffner, wenn es darum geht, mit Kindern über Medienkompetenz ins Gespräch zu kommen, eben weil sie so beliebt sind.

Können Eltern diesen Türöffner auch zu Hause benutzen?
Selbstverständlich. Als Erstes sollten Eltern allerdings darauf achten, dass die Kinder Spiele nutzen, die ihrem Entwicklungsstand entsprechen. Die Altersfreigaben der der USK, also der Unterhaltungssoftware Selbstkontrolle, sollten beachtet werden, obwohl die nichts darüber sagen, ob ein Spiel pädagogisch sinnvoll ist. Aber auch das sollten Eltern prüfen. Zum Beispiel können sie in entsprechenden Datenbanken nachsehen, wie Pädagogen ein Spiel bewerten. Solange die Kinder das gestatten, können Eltern mitspielen, zugucken und bei der Gelegenheit darüber sprechen, was schwierig sein kann beim Computerspielen, oder sich erklären lassen, warum ein Spiel so besonders faszinierend ist.

1 **Creative Gaming**
› http://www.creativegaming.eu

2 **Video: Creative Gaming Workshop**
› http://www.netzpiloten.de/014

3 **Pädagogische Spiele-Bewertung**
› http://www.spielbar.de

4 **Pädagogischer Ratgeber zu Computerspielen**
› http://www.spieleratgeber-nrw.de

5 **Eltern-FAQs zu Computerspielen**
› http://www.netzpiloten.de/015

6 **Online sein mit Maß und Spaß**
› http://www.netzpiloten.de/016

Wie schütze ich mein Kind vor schlechten Spielen?

Dipl. Soz.-Päd. Jürgen Sleegers

ist MedienSpielpädagoge (MA) und leitet das Institut Spielraum an der Fachhochschule Köln.

> http://www1.fh-koeln.de/spielraum

Zeigen Sie Interesse! Es gibt ganz unterschiedliche Spiele, und jedes stellt in Sachen Steuerung, Komplexität oder Spieldauer individuelle Anforderungen an den Spieler. Alterskennzeichnungen (USK- oder PEGI-Sticker) auf Spieleverpackungen sind eine gute erste Orientierung, jedoch keine pädagogische Altersempfehlung! Es ist ratsam, dass Eltern mit ihren Kindern über die Spielanforderungen und Spielerlebnisse reden; nur so erfahren sie, was ihre Kinder in den Spielen sehen, suchen und zu finden glauben. Wenn sie selber einmal mitspielen oder sich das Spiel zeigen lassen, können sie einschätzen, ob das Spiel geeignet ist.

SAFER INTERNET DAY

Wer Informationen sucht, Denkanstöße, konkrete Handlungsanweisungen oder Material zum kompetenten und kritischen Umgang mit digitalen Medien, der kommt um die EU-Initiative Klicksafe nicht herum. Hier gibt es das umfangreichste und beste Beratungsmaterial kostenlos zum Herunterladen als Flyer, Broschüre, Handbuch oder Video: Von der 10-Punkte-Gedächtnisstütze „Elterntipps Games" über die laufend aktualisierte, 60 Seiten umfassende Schritt-für-Schritt-Anweisung, wie man sich möglichst datensparsam bei Facebook anmeldet, bis zu Hinweisen zu Datenschutz-Tipps speziell für Jugendliche. Zusätzlich koordiniert Klicksafe als deutscher Partner im Safer-Internet-Programm der EU die Aktionen und Veranstaltungen des alljährlich stattfindenden „Safer Internet Day". Das ist der Aktionstag, an dem die öffentliche Aufmerksamkeit mit Berichten und Veranstaltungen auf jeweils einen Aspekt des riesigen Themas Sicherheit gelenkt werden soll. 2012 findet dieser bereits zum neunten Mal statt, diesmal geht es unter dem Motto „Gemeinsam die Online-Welt entdecken – aber sicher!" um die Förderung von Medienkompetenz.

> http://www.klicksafe.de

FLASHMOBS

Der erste über das Internet organisierte Menschenauflauf fand bereits 2003 statt. Seither erfreuen sich die scheinbar spontanen Events auf öffentlichen Plätzen immer noch großer Beliebtheit. Mehrheitlich sind Flashmobs meist harmloser Natur: Es wird öffentlich getanzt, geschmust, oder es werden sich Kissenschlachten vor dem Kölner Dom geliefert. Als weniger harmlose Variante von Flashmobs können die umstrittenen Facebook-Partys angesehen werden, bei denen Facebooknutzer durch ein Versehen plötzlich Tausende von Partygästen vor ihrem Haus stehen hatten. Politischere Formen stehen im Zeichen von Konsumkritik oder Solidaritätsbekundungen. Im Rahmen der Unruhen in Ägypten, Tunesien und Iran wurden auch riskante Protestaktionen in der Art von Flashmobs ausgeführt: Die Teilnehmer verabredeten sich online an einem bestimmten Ort zu einer bestimmten Aktion. Sie reisten unerkannt an, begannen plötzlich ihre Aktion und verschwanden wieder in verschiedene Richtungen.

› http://thrilltheworld.com

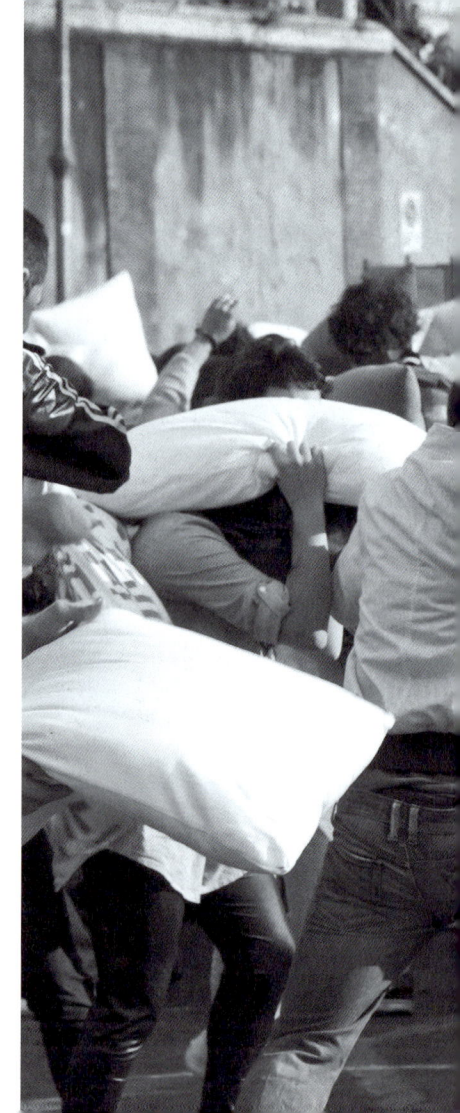

EMPIRE AVENUE

Vielleicht nur etwas für professionelle Social-Media-Interessierte: Dieses komplexe Spiel ist die Gamification des gesamten Social-Media-Booms. Empire Avenue ist ein Börsenspiel, bei dem jeder Spieler an der Börse gelistet ist und sich mit seinen diversen Social-Media-Accounts (Twitter, Facebook …) einklinkt. Der eigene Aktienkurs entwickelt sich entsprechend den Aktivitäten in diesen Netzwerken. Je mehr Inhalte jemand produziert, je mehr Leute er trifft, desto höher steigt sein Kurs und dies bringt andere Spieler dazu, virtuelles Geld auf ihn zu setzen.

> http://www.empireavenue.com

3 Milliarden US-Dollar geben Spieler weltweit für virtuelle Güter in Spielen aus, die ihnen Fähigkeiten oder Spielvorteile verschaffen.

Quelle: Juniper Research, 2011

WAS IST EIN MMORPG?

Die Online Rollenspiele (Massively Multiplayer Online Role-Playing Game) sind vor allem für ihre scheinbar unendliche Spielbarkeit beliebt. Die ständige Entwickelbarkeit der virtuellen Figuren, mit der ein Spieler beispielsweise als drachen-tötender Krieger durch die aufwendig gestaltete Fantasywelt von World of Warcraft zieht, hält weltweit über 11 Millionen zahlende Abonnenten in Bann. Manche von ihnen machen das Spiel so sehr zum Zentrum ihres Lebens, dass sie über zehn Stunden pro Tag damit verbringen und gefährdet sind, eine Verhaltenssucht zu entwickeln. Offenbar im Zuge der immer beliebter werden Social- und Browsergames zeichnet sich derzeit ein merklicher Rückgang der Mitspieler ab.

GAMESCOM

Jedes Jahr im August öffnet in Köln die größte Computerspielemesse in Europa ihre Tore und ist für alle Spielebegeisterten ein (meist heillos überfülltes) Highlight.

> http://www.gamescom.de

GAMIFICATION

Wenn in Umgebungen und unter Umständen, in denen es eigentlich nicht um Spiel und Spaß geht, bewusst Elemente aus der Computerspielewelt zur Motivation eingesetzt werden, spricht man neuerdings von Gamification. So sollen durch Ranglisten, Fortschrittsbalken oder Erfahrungspunkten die Menschen dazu gebracht werden, Sachen zu tun, zu denen sie vielleicht keine Lust haben (zum Beispiel lange Online-Formulare auszufüllen oder sich den Aufwand machen, das eigene Netzwerk über eine bestimmte Aktion zu informieren). Der Appell an den Spieltrieb klappt offenbar gut: Fast 500 000 Online-Jedi-Rebellen hat Greenpeace mit seiner Kampagne „Volkswagen – The Dark Side" zur Unterzeichnung einer Petition gegen die CO_2-Emission von VW mobilisiert. Durch verschiedene Etappenziele konnte man sich mit Erfahrungspunkten vom Baby Ewok (5 Punkte) bis zum Meister Yoda (750 Punkte) emporarbeiten, um VW von der dunklen Seite zu ziehen.

> http://www.vwdarkside.com

KAPITEL 6 – SPIELEN

Wenn Ihr Kind PC-Spiele für sich entdeckt hat ...

› **sich** interessieren, mitspielen

› **für** Ausgleich und Alternativen im Freizeit-Mix sorgen

› **gegenüber** inakzeptablen Gewaltspielen eine klare **ablehne**nde Haltung einnehmen

› **Phasen** intensiven Spielens gelassen ertragen

› Spieleverbot nicht als Erziehungsmittel einsetzen

› über Altersfreigaben nicht diskutieren:
   Spiele ab 12 sind Spiele ab 12 – und nicht ab 11 ½

› Lernspiele nicht anstelle von Spaßspielen anbieten

› Spiele nicht als Babysitter einsetzen

Kann ich das Internet sicher machen für mein Kind?

Dipl. Päd. Birgit Kimmel

ist die Pädagogische Leiterin der EU-Initiative klicksafe.

> http://www.klicksafe.de

Mit Blick auf die Risiken, die Kindern und Jugendlichen im Internet begegnen können, gilt es, sie vorzubereiten, zu stärken und – ihrem Alter entsprechend – ihre Medienkompetenz zu fördern. Während bei Grundschulkindern Risikovermeidung im Vordergrund steht, wird später die Risikoreduzierung wichtiger. Eltern und Pädagogen sollten darauf achten, dass sich Jüngere in kindergeeigneten, sicheren Surf- und Kommunikationsräumen bewegen. Parallel sollte bereits dem Alter angemessen Medienkompetenz vermittelt werden. Bei älteren Kindern und Jugendlichen steht dies dann an erster Stelle: Sie sollten lernen, Risiken zu erkennen und zu vermeiden. Technische Schutzprogramme verlieren dann an Bedeutung, denn mit Verbesserung ihrer Fähigkeiten und Kenntnisse können Ältere diese umgehen.

**DAS BUNTE MAGAZIN
AUS DER MITTE
DER DIGITALEN WELTEN**

AUTOREN

WOLFGANG MACHT zählt zu den Pionieren der deutschen Internet-Macher. Er gründete 1996 das Unternehmen Netzpiloten AG, das er zusammen mit seinem Partner Matthias Dentler im Steilflug wie auch im Sturzflug durch die Turbulenzen der New Economy manövrierte. Heute sind die Netzpiloten zu einer internationalen Unternehmensgruppe angewachsen und betreiben unter anderem ein innovatives Online-Magazin (www.netzpiloten.de), das über die Trends und Strömungen mitten aus den neuen digitalen Welten berichtet.

KATRIN VIERTEL ist Sprach- und Kommunikationswissenschaftlerin und arbeitete viele Jahre als Journalistin für gedruckte und Online-Medien sowie für das Fernsehen. Ihre Beschäftigung vor allem mit Medienthemen führte sie zu einer weiteren Aufgabe: Sie berät als Medienlotse alle Eltern, die sich fragen: Was machen unsere Kinder mit digitalen Medien? Und wie sollen wir damit umgehen?

› http://www.medienlotse.com

DANK Die Autoren möchten sich herzlich bedanken bei folgenden Personen: Peter Bihr, Matthias Dentler, Peter Frey, Helga Gehrmann, Thomas Hermanns, Helge Hopp, Sabine Irrgang, Veit Kenner, Angela Köntje, Matthias Scholz, Karen Sterrenberg, Andreas Weck

IMPRESSUM

Wir ohne Grenzen
Copyright 2012

Netzpiloten AG
Lagerstr. 36 | 20357 Hamburg | Deutschland

http://www.netzpiloten.com
Kontakt: wog@netzpiloten.com

Autoren: Wolfgang Macht, Katrin Viertel

Redaktion: Helga Gehrmann, Veit Kenner, Andreas Weck
Korrektur: Doris Rode

Titel und Layout: Matthias Scholz / www.popdesigner.de
Gestaltung und Satz: Karen Sterrenberg / www.sterrenbergdesign.de, reh)produkt / www.rehprodukt.de

Bildrecherche, Bildbearbeitung: reh)produkt / www.rehprodukt.de
Druck und Bindung: Druckerei Conrad

Printed in Germany
1. Auflage 2012

http://www.netzpiloten.de

ISBN 978-3-00-036859-2

Dieses Werk bzw. dessen Inhalt steht unter einer Creative-Commons-Namensnennung-Nicht-kommerziell-3.0-Deutschland-Lizenz. Für alle Bilder und Illustrationen sind alle Rechte, insbesondere das Recht der Vervielfältigung und Verbreitung, vorbehalten.

Alle in diesem Buch genannten bzw. abgebildeten Firmenbezeichnungen, Firmenlogos, Produktnamen, Marken und eingetragene Warenzeichen sind Eigentum ihrer jeweiligen Inhaber.

Wir danken den zitierten Personen sowie den Fotografen für die Abdruckgenehmigung ihrer Texte und Bilder.

BILDNACHWEISE

Titelbild (Covergirl: Maria Ißl, Foto: Laura Piantoni); S.4, S.8, S.19, S.26, S.42, S.58, S.74, S.90 und S.108: mit freundlicher Genehmigung von Sabine Irrgang und Laura Piantoni – Bildband Social Network Photography, ISBN 978-300-033747-5; S.12: Johannes Kleske; S.14: Vasco Sommer-Nunes; S.15: ©Leland Purvis; S.21: ©mytaxi, S.22: ©Ramona Heim – Fotolia.com; S.30: Maya Götz; S.32: Dr. Steffen Wenzel; S.34: mit freundlicher Genehmigung von Pranav Mistry; S.35: ©Svetlana Gryankina – Fotolia.com; S.36: Rebecca Maier; S.39: ©Javier Brosch – Fotolia.com; S.46: Peter Bihr; S.48: ©Jakub Jirsák – Fotolia.com; S.50: ©M. Schuckart – Fotolia.com; S.51: ©Stacey_May – Fotolia.com; S.52/53: ©tiridifilm – iStockphoto; S.54: ©Tagwerk; S.62: Joachim Diercks und Ramin Mirhachemzadeh; S.64: Judith Affolter; S.66: ©layar; S.66: ©TED; S.67: ©Babbel; S.67 ©Moddle; S.68/69: ©A-Digit – iStockphoto; S.70/71: ©projektwerft GbR; S.78: ©Alexander Kühn – co:funding; S.80: ©Daniel Porsdorf – schein-berlin.de; S.81: ©creative commons; S. 83: YouTube; S.83: ©Marek – Fotolia.com; S.86: ©foodspotting; S.86 (Stöckelschuh): ©Thomas Hermanns – Chez Heini; S.94: Andreas Hedrich; S.96: Jürgen Sleegers; S.98/99: ©marialba italia – iStockphoto; S.101: ©Koelnmesse; S.103: ©greenpeace; S.105: Birgit Kimmel.